青少年心理成长护航丛书
关注青少年心理成长，著名儿童心理学专家 李红 教授主编

自强不息
——青少年自立训练营

主编 李富洪 副主编 李唯 朱雯 苏哲宸

西南师范大学出版社
全国百佳图书出版单位 国家一级出版社

图书在版编目(CIP)数据

自强不息：青少年自立训练营 / 李富洪主编．—重庆：西南师范大学出版社，2012.5

ISBN 978-7-5621-5738-0

Ⅰ．①自… Ⅱ．①李… Ⅲ．①品德教育—中国—青年读物 ②品德教育—中国—少年读物 Ⅳ．①D432-62

中国版本图书馆CIP数据核字(2012)第086037号

青少年心理成长护航丛书

丛书主编：李 红

副 主 编：赵玉芳 张仲明 高雪梅

策 划：郑持军 卢 旭

自强不息——青少年自立训练营

主编 李富洪 副主编 李 唯 朱 雯 苏哲宸

责任编辑：杜珍辉

责任校对：王迟迟

装帧设计：曾易成 丁月华

出版发行：西南师范大学出版社

地址：重庆市北碚区天生路1号

邮编：400715 市场营销部电话：023-68868624

http://www.xscbs.com

经 销：新华书店

印 刷：重庆美惠彩色印刷公司

开 本：787mm×1092mm 1/16

印 张：10.75

字 数：150千字

版 次：2012年6月 第1版

印 次：2012年12月 第2次印刷

书 号：ISBN 978-7-5621-5738-0

定 价：24.00元

衷心感谢被收入本书的图文资料的原作者，由于条件限制，暂时无法和部分原作者取得联系。恳请这些原作者与我们联系，以便付酬并奉送样书。

若有印装质量问题，请联系出版社调换。

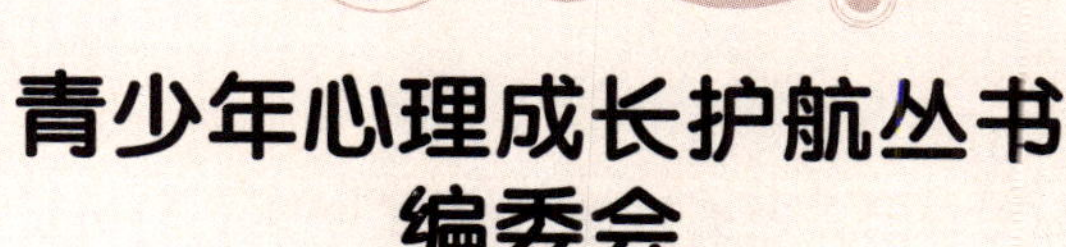

青少年心理成长护航丛书
编委会

给青少年朋友的信

亲爱的同学:

你好!很高兴与你在这里相遇,在这里分享我们的故事。

我们从胎儿期到童年期都是在父母的呵护下成长的,他们教我们穿衣吃饭,教我们写字阅读,告诉我们怎样结交朋友,怎样处理矛盾……现在随着我们身体的发育,我们渐渐步入了人生的另一个重要阶段——青春期。我们的"成人感"越来越强,越来越希望自己是一个大人,有自己的空间和自由,同时,对于长辈的意见或建议,有时也会有抵触情绪,因为我们觉得自己长大了,可以独立面对和处理问题了。那么,我们除了经济上的独立以外,其他方面是否真正做到独立了呢?无论在生活上或是学习上,亦或是人际关系上,由于我们人生经验的缺乏,还需要老师和父母的指导,要做到完完全全的独立,现阶段来说是不可能的。对于我们力所能及的事情,就不一样了,我们有能力去完成它,可以用自己的智慧去获得更多的人生经验,这是我们成长中必不可少的一课。

为了更好地助大家一臂之力,本书从认识自己入手,因为只有对自己有客观科学的认识,才能更好地管理自己、提升自己,而良好的品质和健康的人格是自立的基础。第二至四篇,将分别从生活、学习和人际关系上,为大家解答相关困惑,而最后一篇,是本书的升华,主要讲不断超越自己的美好品质。

"只要你一息尚存,就不要让任何人牵着你的鼻子走。凡事自己做主,不让任何事情玷污自己的名誉,要坚持到生命的最后一息。"希望本书能在大家的成长路上给予你们微薄的帮助。愉快的生活需要自己去发现、去追求、去创造!放手飞翔,做最好的自己吧!

编 者

目录

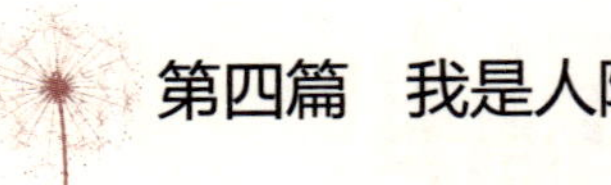

第四篇　我是人际高手

第五篇　我的美丽新世界

第一篇　做最好的自己

一位哲人说得好：如果你不能成为大道，那就当一条小路；如果你不能成为太阳，那就当一颗星星。决定成败的不是尺寸的大小，而是做一个最好的你。我们无法完美地去做好每件事，也无须去刻意讨好别人。在你的世界里，总有个最真实最初的自己。给自己一个机会，独坐，静心，慢慢地阅读自己、品尝自己、了解自己、证明自己。这样，你才能做一个最好的你，在最美的年华，谱写出属于自己的动人歌曲。

1. 我是谁？

镜子里的她

镜子里的她有头乌黑的长发，直垂双肩，扎起马尾显得神采奕奕；镜子里的她，有张稍胖的脸，上面嵌着两颗大眼睛，两个浅浅的酒窝在笑起来的时候才显出它们的可爱。镜子里的她喜欢穿裙子，特别喜欢花花的裙边在风中飘啊飘；镜子里的她，对冰淇淋情有独钟，有一次因为连续吃了 4 个甜筒，肚子痛了两天，自此，尽管爱吃，她也尽量克制着自己。镜子里的她有时候胆子很大，一次，和朋友们打羽毛球，由于用力过猛，球跑到了树上，因为找不到合适的棍子，她干脆就找了把梯子，爬到树上去把球捡了下来；有时，她的胆子又很小，有个周末，家里买来一只大公鸡，让她抓着公鸡的翅膀，她却害怕得哭起来。

镜子里的她，有很多好朋友，周末放学，都会在一起聊天、跳皮筋。镜子里的她喜欢看书：一天，夜深了，爸爸妈妈叫她睡觉，她却拿着一本《巴黎圣母院》躲进了被窝，打开电筒，津津有味地看起来；忽然，看见妈妈怒气冲冲地掀开了被子，没收了书，命令她快点睡觉。镜子里的她作文写得很棒，老师经常拿着她的作文当范文；镜子里的她有个粗心的坏毛病，有次数学测验，她把小同学的重量单位写成了吨，闹了个大笑话；镜子里的她爱说爱笑爱唱爱闹，喜欢唱歌，更喜欢画画，喜欢唱着歌骑自行车。这就是镜子里的她。

想想看

你眼中的自己是怎样的呢？你能正确、全面、客观地评价自己么？现在有20个问题，每个问题的题目都是“我是谁？”，你能写出多少个题目的答案呢？不能重复哦！试着写下你的答案吧！

智慧锦囊

认识自己，是一个看似简单实则复杂的问题。在我们的现实中，若过分地夸大自己的能力，容易产生虚荣心，形成自满、骄傲的心理；而如果把自我过分贬低，又会有自卑、觉得自己无用的困惑。认识自己，是一个成长的过程，要想正确地认识自己，需要自己时时刻刻地关注自己，了解自己。下面介绍一些普通的方法来助你一臂之力吧。

（1）自省法。自省是自己对自己的反思过程，常常自省，通过自我检查来认识自己。“曾子曰：‘吾日三省吾身，为人谋而不忠乎？与朋友交而不信乎？传不习乎？’”讲的就是这个道理。从小事情中可以了解自己的个性、处事方式，也可以知道自己的擅长之处和薄弱之处，既不妄自菲薄，也不骄傲自满；而从重大事件中吸取经验教训，可以提高认识自己的能力。

（2）比较法。与同龄人比较，“以人为镜”认识自己。比较时切不可专找别人的短处来比自己的长处，或是总看到别人的长处而觉得自己一无是处。比较时，既要发现自己的闪光点，又要寻找别人身上的长处，看可否填补自己的不足。客观地比较，找到自己在人群中合适的位子，才能更好地认识自己。

（3）评价法。人人都会在乎别人怎么评价自己，都想知道，我在别人眼中是什么样子的呢。别人评价自己时，有更大的客观性，如果自我评价与身边人对自己评价相似，那么则可以看出你对自己认识较好；若有些出入，那么可能还需要你调整这种认知。当然听取评价也不能只听单方面的，听后要想想，“是这样的么？”有时，知心朋友的评价是比较中肯的。

（4）经历法。我们要经历很多事情，成功和失败随时都在上演。成功了，我们可以看看是自己哪方面的能力比较突出，可以把它发扬；失败了，多总结一下是哪个细节出了问题，以前做事时也遇到过这个问题么？这样，在具体事情中，可以更好地找到自己的闪光点和不足之处。若你不太肯定自己某方面的优势，不妨找机会展示一下自己，从中得到验证。

自 我

美国著名的心理学家、机能主义的创始人威廉·詹姆斯把自我分成了三个组成部分：物质自我、社会自我和精神自我。物质自我包括了生理特征，比如你的身高，体重，发式；还有就是你拥有的东西，比如小狗、自行车等。我们总是收集我们喜欢的东西，女孩的房里有各式各样的洋娃娃、小饰品、手链等，男生则较多地收集车、机器人等：这些都是在提高我们物质自我的满足感。社会自我则是指我们在社会中扮演的角色和拥有的社会地位。比如，在家里，你是父母的孩子；在弟弟面前，你是姐姐（哥哥）；在学校，你是学生……这些都是社会自我。社会是由人组成的，我们在社会中总是扮演着各种各样的角色，也正是如此，我们才跟这个社会联系了起来。而精神自我，便是指我们的信念、愿望、兴趣、态度等等。在我们学生阶段，有很多因素影响着我们的自我认识。比较常见的便有外貌：身高、容貌、发育早晚等；学习成绩：成绩是否优秀，知识面是否宽广等；身体机能：跑步速度，篮球打得好不好，反应灵活不灵活等；还有就是在同学中的地位：同学喜欢的程度，朋友数量的多少等。这些都是外在因素对我们自我评价的影响。

而精神分析学派的创始人弗洛伊德对人格结构又是另一种分法。他认为人格结构是由本我、自我、超我组成的。本我即是原始的自己，它包括了人类的欲望、冲动和生命力。本我是一切心理能量之源，并且按照“快乐原则”行事，它不理会社会道德和外在的行为规范，它的唯一要求便是要获得快乐，避免痛苦。自我是指“自己”，是自己可以意识到自己的行为、自己的选择。自我的机能是既满足本我的需求，又要保护我们不受到伤害，遵循“现实原则”。超我是受社会道德、文化和价值观影响的，它主要是监督、批判自己的行为。超我要求自己按照社会可接受的方式去满足本我，遵循“道德原则”。先做个比喻吧，比如有个小朋友，看见别人桌上放着一块蛋糕，本我便说，吃吧，非常好吃，我现在嘴好馋啊；自我也出声了，宝贝，你现在确实很饿，周围也没人，你可以试试；超我见了，立即开始阻止，怎么可以拿别人的东西呢？再饿也不行，除非得到了别人允许。通过这个比喻，你更清楚地了解本我、自我、超我了么？

斯芬克斯之谜

斯芬克斯源于古埃及的神话，它被描述为长有翅膀的怪兽，通常为雄性，是“仁慈”和“高贵”的象征，在当时的传说中有三种斯芬克斯——人面狮身的、羊头狮身的、鹰头狮身的。而据说著名的斯芬克斯狮身人面像就是按照法老哈夫拉的样子雕成，作为看护他的金字塔的守护神。经过多年的风化，现在的斯芬克斯狮身人面像是后人从沙土中再次挖掘出来的。它凝视前方，表情肃穆，雄伟壮观。据称，中世纪马穆鲁克的一个军事统治阶层的成员攻打埃及时，士兵以斯芬克斯狮身人面像的鼻子和胡须作为练习大炮射击的靶子，被打掉的鼻子和胡须现存于伦敦的大英博物馆。

斯芬克斯谜语便是说，天后赫拉派斯芬克斯坐在忒拜城附近的悬崖上，拦住过往的路人，用缪斯所传授的谜语问他们，猜不中者就会被它吃掉。这个谜语是:“什么动物早晨用四条腿走路，中午用两条腿走路，晚上用三条腿走路？腿最多的时候，也正是他走路最慢，体力最弱的时候。”无数人因此丧生，最后流浪到此的俄狄浦斯猜中了正确答案。斯芬克斯羞愧万分，跳崖而死。这个谜底便是“人”。这个以人为谜底的谜语，就是被认为天下最难解的斯芬克斯之谜。

尔后，这个谜语被凝聚成“认识你自己”——成为镌刻在德尔菲神庙中的古老箴言。这个神话带给人类的启示是极为深刻而永恒的。柏拉图更认为，我们知道外面世界的许多知识，但我们却最难认识自己。“我”是谁？“人”是什么？这是千百年来几乎所有的思想家们都在不停探究的问题，而这个答案忽明忽隐，需要自己慢慢解答。

心香一瓣

◆ 人格需"贵我"：自立以树人之尊严，自信以扬人之精神，自学以长人之才华，自爱以见人之崇高，自励以磨人之意志，自警以示人之理智，自强以显人之个性，自谋以图人之发展，自奋以成人之大业。

——佚名

◆ 一个真正认识自己的人，就没法不谦虚。谦虚使人的心缩小，像一个小石卵，虽然小，而极结实。结实才能诚实。

——老舍

◆决不要陷于骄傲。因为一骄傲，你们就会在应该同意的场合固执起来；因为一骄傲，你们就会拒绝别人的忠告和友谊的帮助；因为一骄傲，你们就会丧失客观标准。

——巴甫洛夫

◆当你意识到自己是个谦虚的人的时候，你马上就已经不是个谦虚的人了。

——列夫·托尔斯泰

2. 看，我也能做出这道题

不经意的成功

某中学的一位数学教师每天给他的一个学生出三道数学题作为课外作业，让他回家后去做。这个学生每天都能认真完成。有一天，这个学生回家后，发现老师今天给他出了四道题，而且最后一道似乎有些难度。他想，以前每天的三道题，都顺利地完成了，从未出现过任何差错，老师早该给我增加点分量了。于是，他满怀自信地投入到解题的思考中，天亮时分，他终于把最后一道难题也解答出来了。但他还是感到有些内疚，认为辜负了老师多日的栽培，一道题竟然做了好几个小时。谁知，当他把这四道已解的题一并交给老师时，老师看完后惊呆了。原来最后那道题竟是一道在数学界流传百年而无人能解的难题。老师把它抄在纸上，也只是出于好奇。结果，不经意把它与另外三道题混在一起了。这位高三的学生却在不明实情的前提下，把它攻克了。

这位学生能解答出数学界无人解出的难题，似乎有些荒诞，但仔细想想，却在情理之中。因为这个学生过去每天都能很好地完成老师布置的作业，从而养成了良好的成功意识和成功习惯，同时又因为不知道这是一道百年未解的难题，所以遇上时，就“不知难”而“更好进”了。

想想看

我们有超水平发挥的时候么？那个时候你看到了自己的潜力么？每个人的潜力都是无限的，而我们表现出来的只是冰山一角，你知道你的潜能该如何良好地发挥出来，而不是让它一直“羞于见人”么？

智慧锦囊

风行于美国的“六十 PR 法”的意思是：每天花 60 秒以演讲的形式简洁地描述自己的天赋和能力以及自己应达到的成功目标。你可以把“六十 PR 法”的内容写在纸上，贴在镜子上，每天洗完脸后，对着目标反复读，来激励自己。自信是可以通过训练来树立的，如果你坚持，你定会成为对生活自信满满的人。

（1）正视别人。不敢正视别人的人通常会是由于觉得自己不如别人，或是害怕一接触到别人的目光便被看穿。练习正视别人，用眼神交流，传达你想要表达的信息，你又没做亏心事，何必怕人呢？

（2）挑前面的位子坐。我们经常会发现，如果位子没有被固定，大家都会先挑后面的位子坐，这样就不容易被老师提问了。现在开始，练习坐在前面，大胆地表述自己的观点。

（3）练习当众发言。在讨论的时候，你并不是没有想法，而是心里会想：我的话会不会说错，别人笑我呢？我的话说了别人也可能不会听吧……这种负面想法多了，会让你越来越不敢当众表达自己的意见，而其他同学可能也习惯你点头表示同意的方式了。而你，勇敢地打破这种恶性循环吧，你可以这样想：反正都是讨论，大家都有权说出自己的想法，而且这正是一个让自己流利表达思想的好机会呢，不能白白把这么好的机会浪费了。只要你敢说，一次又一次，你的自信定会增加。

（4）现在，拿出镜子，“1，2，3，咧嘴，笑，大笑”，看到了那个笑容满面的你么？与愁眉苦脸的你相比哪个更自信呢？当然是笑脸的你啦，笑，放声大笑，特别是在你不想笑的时候。笑是化解不良情绪最好的方法之一，不管什么情况，你都应该笑笑。

（5）赞扬自己。我们每个人都有缺点，都有不完美，接受自己，悦纳自己：每天发现自己表现得不错的地方，夸夸自己，让自己心里美滋滋的。或者；对着镜子，表扬自己。长久坚持，你会发现自己的变化的。

知识百叶窗

国王的演讲

1925年，艾伯特王子——英国国王乔治五世的二儿子，被父王要求在伦敦温布利的大英帝国展览会上致闭幕词。相比于大儿子大卫——

日后“不爱江山爱美人”的温莎公爵，国王更喜欢艾伯特。可是，艾伯特患有严重的口吃。场内外静静等待着艾伯特的初次亮相。可是，广播里只听到艾伯特的结巴声“……我……有事宣布……，……我承诺……”，二十秒吐不出一个词。1934年，艾伯特的口吃依旧，看着丈夫被无能的医生捉弄，妻子莫琳外出找到语言治疗师莱昂纳尔·罗格医生为丈夫治病。在现实和需要中，艾伯特继承王位，成为“乔治六世”。

时间到了1939年9月3日，德国政府冲破防线进攻波兰。英法被迫向德国宣战。国王决定向国民发表演讲。播音室里只有了国王和医生。罗格一个会心的眼神，让国王充满信心。忘记一切！集中精力！灯亮了。国王终于发出了声音！“……在这个重要的时刻，在我们的历史里，我向每个家庭传达我的思想……大家团结一致……我们被迫卷入冲突，我们必须保护自己，保护国家，如果你愿意，请拿出你的力量，我们必须坚强起来，抵抗敌人……”全国上下、城市乡镇、贵族平民、男女老少，都在倾听国王的声音。“我们必须抵抗世界上缺乏道德、没有人性的人，抗战到底。”国王越念越顺，“任务很艰巨，也许前方一片黑暗……我们只能做我们认为对的，并向神喊出我们的呼声。如果大家都饱含信心，并能取得援助，我们就会胜利！”国王成功了。播音室的门开了，大家为国王鼓掌。以后，每次战争演说，医生都陪伴在国王身边。乔治六世的演讲极大地鼓舞了人民抗击希特勒的斗志。1944 年乔治六世授予罗格医生皇家维多利亚勋章。国王和罗格医生在余生的岁月中始终保持着好朋友的关系。

国王在医生的帮助下，超越了自己。而个体心理学的创始人阿德勒同样有着先天的缺陷，他患有先天性软骨病，儿时身体弱，并不特别受宠。5 岁时还得过大病，受到死亡的威胁。但他坚强地活了过来，而且活得乐观而自信。等到上学后，又因数学差受到老师的歧视，被当作差等生看待，阿德勒凭着顽强的意志和刻苦的努力改变了别人对他的看法而成了优等生。正是在这种环境下，写出了他的名作《超越自卑》，至今此书仍受到不少人的追捧。

视野天下

做一块自信的石头

1998 年元月，乔布斯在担任苹果公司 CEO 一年后，决定在世界范围内招聘一位首席执行官。经多轮考核，三人进入了最后的面试，分别是蒂姆·库克、汤姆·斯蒂芬和迈克·琼。紧张的面试开始了，汤姆·斯蒂芬走入苹果公司的中心会议室。室内一派庄严，苹果高层悉数到场，乔布斯正襟危坐在圆形会议桌的中央。他看到斯蒂芬进来，微微点了下头，先提问了几个简单的问题，斯蒂芬对答如流，可乔布斯不时地打断斯蒂芬的发言，连珠炮似地问下一个问题，原先还镇定的斯蒂芬头上渗出了汗水。

最后，乔布斯问："假如你担任了首席执行官，你认为苹果的目标应该是什么？"斯蒂芬清清嗓子，张口就说："苹果的目标在于制造优秀的产品，应该集中于少数真正重要和有意义的项目。"乔布斯听了，重重地说了声："不。"其他高层也交头接耳起来，会议室里一片嘈杂。斯蒂芬停顿下来，心想是不是自己的说法有悖苹果的新动向。会议室逐渐安静下来，他犹豫着继续往下说，可几分钟后，他的讲话又被乔布斯一连声的"不"打断了，他慌乱起来，感觉自己是一定错了，他支支吾吾、结结巴巴，再也说不下去了。他主动停止了面试，耷拉着脑袋走出会议室。

迈克·琼在面试时，遭受了同样的"礼遇"，也心灰意冷地结束了面试。

轮到蒂姆·库克了，回答最后一个问题时，他说道："我认为我们苹果应该专注于创新，信奉简单而不复杂……"乔布斯说了声"不！"可库克稍作停顿，继续按照他的思路往下说："公司的项目很多，可是要区分良莠，将注意力集中于少数真正重要和有意义的项目上。"乔布斯故伎重施，不时地用"不"打断他的讲话，但库克依然坚持着，不紧不慢，直到讲完了想说的。库克发言完毕，乔布斯严峻的面孔不见了，他微笑着说："你说得很好，这符合我们苹果一贯的做法，并且以后我们还要这样去做。"并伸出手来，紧紧握住库克的手，其他高层也纷纷鼓起掌来。

库克任职数月的一天，他与乔布斯闲聊，他问："汤姆·斯蒂芬、迈克·琼和我面试时，说的其实都差不多，为什么他们都落选了，而唯独我获得了您的肯定？"乔布斯注视着库克："他们知道该干什么固然重要，可更重要的是确信自己有这个能力。当我屡次打断你们的时候，只有你像一块自信的石头，不被左右，你的表现告诉我，你对自己有足够的自信。"乔布斯停了一下，喝了口咖啡，接着说："即使全世界在向你说'不'，你也要相信自己，对自己坚定地说'是'，并用行动证明给世界看。"库克埋于心头很久的疑问豁然开朗。

乔布斯的眼光没有错，在他多次因病"离岗"的日子里，库克凭着他的自信，在人才济济的苹果公司中顶住各方面的压力，负责日常运营，并深受好评。

很多时候，即使我们的想法非常正确，做法没有瑕疵，可还是会遭遇到各种各样的声音，它们重复地对我们说“不”，它们如道道激流，吞噬了雄心壮志，浇灭了热情和自信。我们要做一块自信的石头，在滔滔洪流中，立稳脚跟，相信自己，对自己坚定地说“是”，并用行动证明给世界看。

心香一瓣

◆任何人都应该有自尊心、自信心、独立性，不然就是奴才。但自尊不是轻人，自信不是自满，独立不是孤立。

——徐特立

◆自信与骄傲有异：自信者常沉着，而骄傲者常浮扬。

——梁启超

◆许多人一事无成，就是因为他们低估了自己的能力，妄自菲薄，以至于缩小了自己的成就。

——唐拉德·希尔顿

◆自信者不疑人，人亦信之。自疑者不信人，人亦疑之。

——《史典》

3. 我的情绪小秘密

我的坏脾气

情绪，大家都会有，我们都有对它控制的权力。李一峰以前是个爱发脾气的孩子，有一天，他看到故事书里写了这样一个小故事：有只小鸟在冬天冻僵了，摔倒在地上，有坨牛粪便把它盖住了，使它醒了；小鸟高兴地唱起歌来，不料却因此被猫发现，给吃了。哈哈哈，小峰乐得大笑起来，心想：这只鸟肯定是兴奋过头了，如果它低调点说不定还能保住性命呢。笑过之后，小峰好像忽然想明白了什么，自己平时不也像这只小鸟一样么？不高兴就乱发脾气，惹得周围人都不高兴，如果有哪个物种是自己的天敌的话，说不定早把自己吃了呢。这样想想，一峰觉得自己真的是应该改变一下了。他把这个想法告诉了自己的好朋友王亮，"好呀，以后我就监督你，你要是乱发脾气，我就马上给你做这个姿势；要是你一天发脾气超过 2 次，那你可要请我吃东西的哦。"王亮非常乐意地答应了阿峰的请求。

第二天课间，小峰发现自己的作业本不见了，到处找都没有，忽然见前排小英的抽屉里的本子好像是自己的，于是他不由分说，扯出那个本子，"你怎么可以拿我的作业本呢？害得我到处都找不到。"小峰看到自己的本子便嚷嚷起来，而小英很委屈地看着阿峰："不好意思，应该是传作业本的时候，我把你的本子当成是自己的了。"小峰心里还是一团火，刚准备开口，只见王亮做了昨天约定的那个手势，小峰在心里默念：要冷静，不能发脾气啊。几次深呼吸后，心里好像舒畅一些了。经过这件事，小峰发现，自己是有能力控制好情绪的，只是还需要更多的练习，小峰决定去图书馆找一些控制情绪的书来看看，改掉自己乱发脾气这个坏毛病。

想想看

阿峰能够改掉自己乱发脾气的坏毛病么？对于这个不好的习惯，你们有没有呢？有的话，你们自己又是怎样改正和克服的呢？

智慧锦囊

如果你现在正微笑着，那么你会觉得自己的愉快感增加了几分。我们的情绪不仅会影响我们的行为，而且会影响我们的健康。会管理自己情绪的人，会比别人更加快乐，更能发现周围事物的美。那么，当你有不好的情绪时，你可以采用下面的方法来让自己平静下来。

坏情绪往往会让你发很大脾气，说出的话可能既伤到自己又伤到别人，甚至可能造成不可挽回的局面。坏情绪的存在还会使你感到低落、郁闷，一副整天闷闷不乐的样子。大家都想做个乐观向上的人，而不愿意被别人说你是不会笑的人。下面的哲理小故事会告诉你一些控制情绪的小方法。

在法庭上，律师拿出一封信问洛克菲勒："先生，你收到我寄给你的信了吗？你回信了吗？""收到了！"洛克菲勒回答他，"没有回信！"律师又拿出二十几封信，询问洛克菲勒，而洛克菲勒都以同样的表情，给予相同的回答。律师控制不住自己的情绪，暴跳如雷，不断咒骂。最后，庭上宣布洛克菲勒胜诉，因为律师因情绪的失控让自己乱了章法。

大名鼎鼎的洛克菲勒处变不惊，而大律师因情绪失控而败下阵来。掌握不住情绪，不管什么情况都发泄一通，会搞得场面很尴尬，影响大局。若那个律师可以用以下方法控制自己的情绪，说不定会是另一种结果。

（1）可以努力让自己冷静下来，深呼吸，重复“放松，冷静”之类的言语，让自己的耳朵和内心都能听到；或是直接想象一幅让你轻松、愉快的画面来暂时缓解你的不良情绪。

（2）缓和语气。生气时说话会口无遮拦，想什么就说什么，也不会想太多说出来的后果。所以我们要使自己暂时冷静下来，尝试着控制自己的语言，不要太凶恶，降低语音语调。语气的缓和至少不会使事情往更坏的方向发展。

（3）避开对方。当你和同学发生矛盾时，开始激烈地争论，这时的气氛越来越凝重，那么你们应该停止这种争论，离开这个地方，等双方都冷静了再回来想这个问题。冷静时思考问题会更加客观，判断也会更准确。

（4）尝试从对方的角度看问题。我们有时候想问题做判断都是以自我为中心，没有考虑太多别人的感受。而别人说话时可能也是如此，都只从自己的角度出发的话，便很容易产生隔阂。试着从对方的角度看问题：也许他也正遇到什么烦心事而说出了让你不高兴的话，也许这个时候他也正在后悔呢。大家彼此冷静后再做交流，问题会更快解决的。

（5）就事论事。我们不冷静时往往会扯出其他的事情，正确的做法是就事论事，把这件事解决了，其他事情过去就过去吧。

（6）寻找倾听者。有个好的倾听者可以听听你的烦恼，帮你出出主意，甚至下次这类事情发生的时候可以提醒你，控制好自己的情绪。

（7）寻找其他发泄途径。睡个大觉，写日记，站在空旷的地方大吼大叫，运动等都可以让你的不良情绪有个释放的地方。发泄之后，你才能觉得更加轻松。

情绪 ABC 理论

很多看似简单的问题，却能影响我们的心情，最后这种坏情绪让我们什么都不想做，这件事情的影响力真有那么大么？一个心理学理论——情绪 ABC 理论会告诉你答案。情绪 ABC 理论是由美国心理学家埃利斯创建的，认为激发事件 A（activating event 的第一个英文字母）只是引发情绪和行为后果 C（consequence 的第一个英文字母）的间接原因，而引起 C 的直接原因则是个体对激发事件 A 的认知和评价而产生的信念 B（belief 的第一个英文字母），即人的消极情绪和行为障碍结果（C），不是由于某一激发事件（A）直接引发的，而是由于经受这一事件的个体对它不正确的认知和评价所产生的错误信念（B）直接引起的。

比如我们某次考试考砸了可以看做是激发事件 A，自己对自己没有努力，或是粗心十分懊恼，对自己产生了负面的评价，从而可能产生了自己怎么这么笨，别人怎么那么厉害的信念 B，这个信念便引起了焦虑，不知道怎么跟家人交代，别人问起总怕别人嘲笑自己的后果 C。可以看出，我们对自己不正确的评价，不合理的信念导致了坏情绪的产生，这是种以偏概全的自我否定，往往会导致自卑、自责等不良情绪，而后这种情绪会影响自己的学习和生活。那么这样看来，不良信念和坏情绪的威力是巨大的。

有一个年轻人，自我感觉很有才华，但在生活上遇到很多挫折，于是便觉得活着没有意思。有一天他决定跳海，但他刚跳下去就被一个老渔民用渔网捞了起来。他很生气，冲着老渔民嚷道："你什么意思，把我捞起来干什么？"老渔民说道："年轻人，为什么跳海呀，你这么年轻多可惜呀！" 于是年轻人就对老人诉说了他怀才不遇的苦衷。老渔民听完，说道："哎呀，你今天遇到我，运气来了。我正好是治怀才不遇的专家，我帮你治治吧。"年轻人很诧异，急忙问老渔民医治之法。老渔民说："我有秘诀，如果你想知道，就必须答应我一个条件。”老渔民说着，顺手从沙滩上拣起一粒沙子，往旁边一扔，说：“年轻人，帮我去把我刚才扔掉的那粒沙子拣过来，然后我就告诉你。”年轻人听了很生气，说道：“你想耍我呀？这么多沙子，我怎么知道哪粒是你扔掉的呀？”老人听了，笑着说：“别生气，我这还有个条件，如果你满足了我这个条件，我也告诉你。我这里有一颗珍珠，我把它扔到沙滩上，你去给我找回来。”

很显然，年轻人轻而易举地把珍珠拣了过来，交给了老渔民，并很虔诚地说：“老人家，我把珍珠拣过来了，可以告诉我秘诀了吧？”老渔民一脸安详，说道：“年轻人，秘诀我已经讲完了。”这个故事告诉我们：有些人之所以有怀才不遇的感觉，是因为自己是无数沙子中的一粒，跟旁边的沙子没有太大的区别；但如果自己是一颗珍珠，那么伯乐就会很容易地发现他们。所以说这个世界上不是没有伯乐，而是因为自己没有把自己当作是一匹千里马，没有给予自己好的鼓励与积极的信念。所以，你有什么样的信念决定了你有什么样的情绪，进而影响你的生活。

假装好心情，赶走坏心情

有个老师，常常愁眉苦脸的：发生一点小事情便能让她紧张万分；同事无心的话也会让她伤心；学生的调皮更让她愤怒。最近，工作上新的挑战，一个职称评定会又压得她喘不过气来。她向心理医生询问：“我该怎么做才能让自己开心起来，才能赶走我的唉声叹气呢？”医生告诉她：“要想放下这些，首先，你去洗下脸，想象一切不好的情绪都随着水流走了，想着自己沐浴在阳光下，享受着周围的一切，自己就是最快乐的人。装成自信十足的样子，你的心情会好起来的。”这个老师照着医生的话去做了，会议结束后，她急忙告诉医生：“我从来没有感觉这么棒，我告诉自己是最成功最开心的，信心满满地参加这个会议，效果很好。我的信心给我带来了好的感觉，而后这个会议成功了，好心情自然也就来了。”

美国加州大学的心理学家曾做过一项实验，他们要求被试者装出惊讶、厌恶、忧伤、愤怒、恐惧和快乐等表情，结果发现他们的身心也跟着起了变化。当受试者装出害怕时，他们的心跳加速，皮肤温度降低了，表现其他五种情绪时，也有不同的变化。

成功学大师奥格·曼狄诺曾写过这样一段文字，对于那些无法控制自己情绪的人，也许大有裨益："潮起潮落，冬去春来，夏末秋至，日出日落，月圆月缺，雁来雁往，花飞花谢，草长瓜熟，万物都在循环往复的变化中。"我们的情绪也是如此，时好时坏，由乐到悲，由悲转喜。我们控制好情绪，不要让它牵着我们的鼻子走，我们才是主人，对于失望和悲伤，可能一眼便被识破，而其他情绪，可以悄悄藏在微笑之下，我们要学会察觉，不放松警惕。自己做自己的主人，便要做好情绪的主人。

◆在成功的路上，最大的敌人其实并不是缺少机会或是资历浅薄，成功的最大敌人是缺乏对自己情绪的控制：愤怒时，不能制怒，使周围的合作者望而却步；消沉时，放纵自己的萎靡，把许多稍纵即逝的机会白白浪费。

——佚 名

◆要预料到有些东西是你无法达到的，无以获得的，无法触及的。如果是这样，不要沮丧，不要恼怒。沮丧了，恼怒了，过一会儿就好了，莫往心里去。

——佚 名

4. 我不是小气的人

心灵点滴

苏轼被贬黄州的时候，有著名的《猪肉颂》打油诗："黄州好猪肉，价钱等粪土。富者不肯吃，贫者不解煮。慢著火，少著水，火候足时它自美。每日起来打一碗，饱得自家君莫管。"这里的"慢著火，少著水，火候足时它自美"，就是著名的东坡肉烹调法了。苏东坡后来任杭州太守，修苏堤，兴水利，深受百姓爱戴。而这"东坡肉"也跟着沾光，名噪杭州，成了当地的一道名菜了。

想想看

俗话说"宰相肚里能撑船"，苏轼在被贬时，仍能兴致高雅地展示自己的厨艺，除了乐观的天性外，还有什么因素呢？当我们遇到不顺心的事情时，我们的处理方法又是怎样的呢？你是豁达之人还是小气之人呀？

智慧锦囊

你知道什么是豁达吗？

豁达是处变不惊。美国代表团访华时，曾有一名官员当着周总理的面说:“中国人很喜欢低着头走路,而我们美国人却总是抬着头走路。”此语一出,话惊四座。周总理不慌不忙,脸带微笑地说:“这并不奇怪。因为我们中国人喜欢走上坡路,而你们美国人喜欢走下坡路。”美国官员的话里显然包含着对中国人的极大侮辱,在场的中国工作人员都十分气愤,但由于外交场合难以强烈斥责对方的无礼。可如果忍气吞声,听任对方的羞辱,那么国威何在?此时周总理的回答让美国人领教了什么叫做柔中带刚,最终尴尬、窘迫的是美国人自己。

豁达是心胸宽广。林肯总统对政敌素以宽容著称,后来终于引起一位议员的不满,议员说:“你不应该试图和那些人交朋友,而应该消灭他们。”林肯微笑着回答:“当他们变成我的朋友,难道我不正是在消灭我的敌人吗?”多么巧妙的回答,多么博大的胸襟!

豁达是不屈不挠。洪战辉,一个让人热血沸腾的名字,一个用平凡的事迹感动中国的人。他的豁达,让他从困境中走出来。他的豁达,更让很多人重新体会了什么是自强不息,什么是坚忍不拔,什么是永不放弃。他说:“我输在起点,但我要赢在终点。”

豁达是礼让大度。明朝年间,山东济阳人董笃行在京城做官。一天,他接到家信,说家里盖房为地基而与邻居发生争吵,希望他能出面解决此事。董笃行看后马上修书一封,道:“千里捎书只为墙,不禁使我笑断肠;你仁我义结近邻,让出两尺又何妨。”家人读后,觉得董笃行有道理,便主动在建房时让出几尺。而邻居见董家如此,也有所感悟,同样效法。结果两家共让出八尺宽的地方,房子盖成后,就有了一条胡同,世称“仁义胡同”。

知识百叶窗

小和尚播种

三伏天,禅院的草地枯黄了一大片。“快撒点草种子吧!好难看哪!”小和尚说:“等天凉了。”师父挥挥手:“随时!”

中秋，师父买了一包草籽，叫小和尚去播种。秋风起，草籽边撒边飘。“不好了！好多种子都被吹飞了。”小和尚喊。“没关系，吹走的多半是空的，撒下去也发不了芽。”师父说，“随性！”

撒完种子，跟着就飞来几只小鸟啄食。“要命了！种子都被鸟吃了！”小和尚急得跳脚。“没关系！种子多，吃不完！”师父说，“随遇！”

半夜一阵骤雨，小和尚早晨冲进禅房：“师父！这下真完了！好多草籽被雨冲走了！”“冲到哪儿，就在哪儿发！”师父说，“随缘！”

一个星期过去了。原来光秃秃的地面，居然长出许多青翠的草苗，一些原来没播种的角落，也泛出了绿意。小和尚高兴得直拍手。师父点头，“随喜！”

随不是跟随，是顺其自然，不怨怼、不躁进、不过度、不强求；随不是随便，是把握机缘，不悲观、不刻板、不慌乱、不忘形。

生命不会永远那么美满，终要经受挫折，从谷底爬起来，接着舞蹈。春夏秋冬，四季更替，我们一直在忙碌着，为了我们期待的明天而忙碌。可能有时我们也不是小气，而是太在乎；可能有时我们也没有放弃，只是期望自己做得更好；可能有时我们也有过落泪，是因为我们正在变得坚强。随时、随遇、随性、随喜，看似简单的字样却让人难以做到。“宠辱不惊，看庭前花开花落；去留无意，望天上云卷云舒”，美妙的字眼，豁达的精神，这份洒脱虽不能迅速拥有，却可以炼就。

豁达的比尔·盖茨

比尔·盖茨在小的时候并不是一个让人喜欢的家伙。他做事总是磨磨蹭蹭，上学的时候还经常迟到，在课上不认真听讲而去咬铅笔头，睡觉醒来之后从来不叠被子，喜欢在吃饭的时候读书，从来不愿意与同学交往。面对这样一个孩子，从来没有人会想过他日后能够成为世界首富并且建立起微软帝国，成为计算机行业的领路人。

其实这一切的改变都要得益于比尔·盖茨的父亲豁达的态度和教子有方：一方面，老盖茨包容了小时候的比尔·盖茨的种种坏毛病，因此才没有扼杀掉他的商业头脑，这正是老盖茨豁达的体现；另一方面，老盖茨豁达的心态还体现在他努力使自己走出了丧妻的悲伤。人生短暂，过度悲伤只会使自己蹉跎掉更多的时光。所以，老盖茨才把对妻子的怀念转化到关怀和爱护更多人的慈善事业上面。

而老盖茨的行为也深深地影响着比尔·盖茨。因为自己的父亲和母亲把一生的精力都用在了慈善事业上，比尔·盖茨当然不能让这一伟大的事业从此失去了后来者。1998年退休时，老盖茨接受儿子和儿媳梅琳达的建议，担任比尔和梅琳达基金会联席主席一职，为孩子们打工，并从事慈善事业至今。

拥有豁达的心态，让比尔·盖茨没有把金钱看成束缚自己的牢笼。其实，豁达是一种自信的态度，如同一根坚强的精神支柱。拥有豁达的心态，不去和他人斤斤计较、不去和自己斤斤计较、不去和生活斤斤计较、更不去和命运斤斤计较的人，才能够在有限的时间里面腾出更多的精力去做更有意义的事情。

比尔·盖茨总是对自己的子女说："没有豁达就没有宽容。无论你取得多大的成功，无论你爬过多高的山，无论你有多少闲暇，无论你有多少美好的目标，没有宽容心，你仍然会遭受内心的痛苦。"

心香一瓣

假如生活欺骗了你

（俄）普希金

假如生活欺骗了你，
不要悲伤，不要心急！
忧郁的日子里需要镇静：
相信吧，快乐的日子将会来临，
心儿永远向往着未来；
现在却常是忧郁，一切都是瞬息，
一切都将会过去，而那过去了的，
就会成为亲切的怀恋。

5. 让我羞愧的小错误

心灵点滴

周伟放学回家，低着头，不敢往前迈一步，好像前面是通往地狱的路。他做好了很多种准备，要么被父亲修理，要么被妈妈不停地唠叨，还有……他终于鼓足勇气走进了家门。“怎么啦？”妈妈一边摆放着碗筷，一边问。周伟颤抖着将试卷拿给妈妈，“哦，又考了个 86 啊。”爸爸也走了过来，“你发挥得挺稳定的嘛，三次都是这个分数。”听了这话，周伟打了个寒战。“吃饭吧，吃完饭一起找原因。”

自己所犯下的错要自己负责，拿起试卷，看着那些画叉的地方，有个地方自己明明记得是选的 A 啊，怎么试卷上写的 B？计算题怎么会算错了？大题又少了个 0…… “怎么回事啊我，怎么都是这种问题呢？”周伟自言自语，“我真粗心啊，怎么总犯这种低级错误呀？要是这些都不错，我可都 95 分了呀。”周伟懊悔不已，发誓下次考试时绝不让这种问题出现。

想想看

也许你会问，小失误能有多大后果？一个小失误可能没什么影响，但多个失误一起犯，结局就大不一样了。那么你有没有犯下类似的错误呢？比如，需要时找不到自己想要的东西，不仅耽误了时间，还失去了听老师讲解的宝贵时间，而且，寻找的过程往往会使自己变得心烦意乱，坏情绪来了，听课质量也打了折扣。

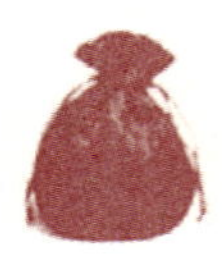

智慧锦囊

我们每个人都想做好每一件事情，但有时往往不尽如人意，总有地方不够完善。培养自己注重细节的习惯，从小事入手，一点一滴地开始进步。

（1）改变观念。日常生活，往往有人觉得小事不值得关注，但若小事都处理不好，还能处理好大事么？所以，给自己一个明确的态度，比如周伟应告诉自己，不管是作业还是考试，或是做其他的事情，都要提醒自己细心，细心，再细心。

（2）提高自我约束的能力。培养一个好的习惯要克服自己浮躁的情绪，不要以心情为借口而纵容自己，今天不做，明天你也会有理由，长久以来，可能计划多，而实际实现的却非常少。有时对自己苛刻一点，未必是件坏事，自己答应的事情一定要有诚信，否则就不要轻易许下诺言。

（3）坚持不懈。很多时候，形成一种习惯不容易：因为在中途很多人都放弃了，半途而废的人都嫌麻烦，忘记了开始的激情；所以一旦立下观念，就要自己管理好自己，必须完成好一件事情才能进行下一件事情。

知识百叶窗

马蹄的故事

在英国民间流传着这样一首歌谣：

缺了一枚铁钉，掉了一只马掌；
掉了一只马掌，失去一匹战马；
失去一匹战马，损了一位骑兵；
损了一位骑兵，丢了一次战斗；
丢了一次战斗，输掉一场战役；
输掉一场战役，毁了一个王朝。

1485年，当时的英国国王到波斯沃斯征讨与自己争夺王位的里奇蒙德伯爵。决战马上就要开始了，战斗双方剑拔弩张。他们都知道胜败将在此一举，他们当中总有一方要戴上英帝国的王冠，而另一方则只能沦为阶下囚。

决战开始的前一天，国王责令全军将士都要严整军容，并且要把所有的战斗工具调整到最好的状态，比如，确保足够的盾牌和长矛数量，使自己的钢刀更加锋利以及使自己的战马更加勇往直前等。一位叫做杰克的毛头小伙子在这场战役中担任国王的御用马夫。他牵着国王最钟爱的战马来到了铁匠铺里，要求铁匠为这匹屡建奇功的战马钉上马掌。

钉马掌只是一件小活儿，却因最近战事频繁，铁匠铺的生意都好得不得了，所以铁匠对这个年轻的马夫有些怠慢。身为国王的马夫，杰克当然容不得对方的这种轻视态度，于是他端着架子对铁匠说："你知道这匹马的主人是谁吗？你知道这匹战马将要立下怎样的战功吗？告诉你，这可是国王的战马，明天国王就要骑着它打败里奇蒙德伯爵。"铁匠再也不敢怠慢眼前的小马夫了，他把马牵到棚子里开始为马钉马掌。

钉马掌的工作其实很简单，这个技艺娴熟的铁匠不知道已经为多少战马钉过马掌了。但是今天，就在为国王的御用战马钉马掌的这一刻，他却感到了为难，原来他手中的铁片不够了。于是他告诉马夫需要等一会儿，自己要到仓库中寻找一些能用于钉马掌的铁片。可是马夫杰克却很不耐烦，他说："我可没有那么多时间等你，里奇蒙德伯爵率领的军队正在一步一步地向我们逼进，耽误了战斗，无论是你还是我都承担不起责任。"看到铁匠愁眉苦脸的样子，他又说："你可以随便找其他一些东西来代替那种铁片啊！难道在你偌大个铁匠铺里就找不到这样一些东西吗？"杰克的话提醒了铁匠，他找到一根铁条，当铁条被横截之后，正好可以当成铁片用。

铁匠将这些铁片一一钉在了战马的脚掌上，可是当他钉完第三个马掌的时候，他发现又有新问题出现了——这一次是钉马掌用的钉子用完了，这不能怪铁匠储备的东西不够丰富，实在是战争中需要用的铁制工具太多了。铁匠只好再请求马夫多等一会儿，等自己砸好铁钉再把马掌钉好。马夫杰克实在是等不及了，让铁匠再凑合凑合得了，铁匠告诉他恐怕不牢固，但马夫坚持不愿意再等了。这匹战马就这样带着一个缺少了钉子的马掌离开了铁匠铺，载着国王冲到了战斗的最前沿。

最后的结果就如同那首歌谣唱的那样，国王在骑着战马冲锋的时候，没有钉牢的马掌忽然掉落，战马随即翻倒，国王滚下马鞍被伯爵的士兵活活擒住，这场战役以国王的彻底失败而告终。

视野天下

东方饭店的奇迹

泰国的东方饭店堪称亚洲之最，不在年前一个月预定是很难有入住的机会的，而且客人大都来自西方发达国家。东方饭店的经营是如此成功，他们有什么特别的优势吗？他们有新鲜独到的招数吗？回答是否定的：没有，什么都没有。那么，他们究竟靠什么获得骄人的业绩呢？要找到答案，不妨先来看看一位姓王的老板入住东方饭店的经历。

王老板因生意需要经常去泰国，第一次下榻东方饭店就感觉很不错，第二次再入住时，他对饭店的好感迅速升级。那天早上，他走出房间去餐厅时，楼层服务生恭敬地问道："王先生是要用早餐吗？"王老板很奇怪，反问："你怎么知道我姓王？"服务生说："我们饭店有规定，晚上要背熟所有客人的姓名。"这令王老板大吃一惊，因为他住过世界各地无数高级酒店，但这种情况还是第一次碰到。王老板走进餐厅，服务小姐微笑着问："王先生还要老位子吗？"王老板更吃惊了，心想尽管不是第一次在这里吃饭，但最近的一次也有一年多了，难道这里的服务小姐记忆力这么好？看到他吃惊的样子，服务小姐主动解释说："我刚刚查过电脑记录，去年的 6 月 8 日，您在靠近第二个窗口的位子上用过早餐。"王老板听后兴奋地说："老位子！老位子！"小姐接着问："老菜单，一个三明治，一杯咖啡，一个鸡蛋？"王老板已不再惊讶了："老菜单，就要老菜单。"

王老板就餐时餐厅赠送了一碟小菜，由于这种小菜王先生第一次看到，就问："这是什么？"服务生退两步说："这是我们特有的小菜。"服务生为什么要先后退两步呢？他是怕自己说话时口水不小心落在客人的食物上。这种细致的服务不要说在一般酒店，就是在美国最好的饭店里王老板都没有见过。

后来王老板两年没有再到泰国去。在他生日的时候突然收到一封东方饭店的生日贺卡，并附了一封信，信上说东方饭店的全体员工十分想念他，希望能再次见到他。王老板激动得热泪盈眶，发誓再到泰国去，一定要住在东方饭店，并且要说服所有的朋友像他一样选择东方饭店。

原来，东方饭店在经营上的确没使什么新招、高招、怪招，他们采取的仍然是惯用的传统办法：提供人性化的优质服务。只不过，在别人仅局限于达到规定的服务水准就停滞不前时，他们却进一步挖掘，抓住大量别人未在意的不起眼的细节，坚持不懈把人性化服务延伸到方方面面，落实到点点滴滴，不遗余力地推向极致。由此，他们靠比别人更胜一筹的服务，赢得了顾客的心，饭店天天客满也就不奇怪了。

东方饭店的做法令人深思。在这个竞争的年代，做什么事如果只会做“规定动作”，只满足于和别人做得一样好，没有竭尽全力超越别人，争创一流，做到极致的意念和行动，就难以从如林的强手中胜出，在激烈的角逐中夺魁！

心香一瓣

◆一个不经意的细节，往往能够反映出一个人深层次的修养。

——佚名

◆做事不贪大，做人不计小。

——佚名

◆使人疲惫不堪的不是远方的高山，而是鞋里的一粒沙子。

——佚名

◆每天问一遍：是你解决了问题，还是你成了问题的一部分？

——佚名

◆ 1% 的错误会带来 100 % 的失败：100-1=0。

——佚名

◆把每一件简单的事做好就是不简单，把每一件平凡的事做好就是不平凡。

——海尔集团总裁　张瑞敏

第二篇　我是生活小能手

寒风呼啸，温室中的花朵，缺少了呵护，弱不禁风；而梅花不惧严寒，绽放得更加美丽，花香四溢。生活中不是处处都有保护伞，而你也不再只是牙牙学语的孩童。你开始展翅飞翔，寻找属于自己的天空。晴空万里时的优雅，人人都可以做到；而在狂风暴雨中镇定自若，却需要不停地历练。做一朵经受得住风霜雨打的花朵，这样，你才能开得更加娇艳。

1. 今天我当家

今天我当家

看着平时爸爸妈妈忙碌的身影，小豪心想，要是我当一天家就好了。到了周五，他十分神气地对妈妈说："妈妈，周末就让我来当一天家吧。"妈妈听了，笑眯眯地说："好呀，周末我和爸爸都要上班，你就一个人当好这个家吧。"接下来，妈妈又交代了许多注意事项，小豪都牢牢记住了。第二天，小豪早早起床，先拿出牛奶放进微波炉里。他先在锅里装好水，把鸡蛋放进去，再放上蒸包子的蒸笼，把冷包子放进蒸笼里，这样，热包子和煮鸡蛋就可以同时进行了，这可是妈妈说的节约原理哦，小豪终于亲自实践了一次。早餐的问题便顺利解决啦。

早餐后，小豪拿出课本做起了作业。一眨眼的工夫便到了中午，他打开冰箱，发现有包好的饺子，由于小豪都不太会做其他的，他决定煮饺子，为了更有营养，小豪特意洗了蔬菜叶放进去。调味的问题怎么解决呀？小豪心想：要是平时多留意妈妈是怎么调味的就好了。于是，他拿起酱油瓶，倒了点，再放了点盐和味精，自己试了试，觉得还不错。可是，由于完全高估了自己的食量，饺子煮太多，只得把剩下的放进冰箱。

刚准备休息休息，却发现自己刚才好像把盐和味精洒在地上了，“唉，自己给自己添麻烦，干脆就把屋子都打扫一遍吧。”他自言自语道。做完这些，小豪躺下想好好休息一下，却不知不觉进入了梦乡。醒来时，只见爸爸妈妈已在厨房里忙碌做晚饭了。“妈妈，当家真不容易啊。”小豪发出由衷的感慨。

想想看

你在家时，是否是“饭来张口衣来伸手”的小皇帝、小公主呢？你有没有在某一个时候本应是自己做好的事，却怪父母没有安排妥当呢？你想过要做点力所能及的事情为父母分忧吗？

智慧锦囊

自己的事情自己做是一个老生常谈的问题，很多同学都会不以为然，觉得那些小事情不是自己不做，而是没时间做或是父母不让我们做。有时我们现在觉得满不在乎的事情，到需要用时就会觉得特别缺乏。2012年3月19日的一条新闻在社会上引起了不小轰动。湖北某大学生，毕业后不做事甚至不愿做饭，最终被人发现“宅”死家中，疑是饿死。这个大学生是村里的第一个大学生，大家都引以为傲，家里个个都宠着他，可毕业后，他不愿干活，母亲也失望至极，搬离了家里。没人约束的他更加懒惰不做事，整日闲逛，饿了就去偷别人地里的东西吃，像野人一样生活着，最终的下场便是饿死家中。这个大学生聪明过人是全村人的骄傲，可他从小就没有生活要自理的意识，认为家里帮他做完任何事都是情理之中的。渐渐地，他丧失了自理的能力，到社会上因适应不了，赋闲在家，当母亲离开他后，他只能像野人一样活着。我们不可能靠父母一辈子，生活能力是在一天天的实践中积累的。从现在起，克服你的依赖思想，自己的事情自己做吧。

（1）告诉父母自己能行。如果现在父母还事事包办，请你理解他们的良苦用心，同时，你可以告诉父母很多小事自己可以做，自己能行的，一次不会，多做几次一定可以的。要生活自理，首先要有这个意识，多靠自己，你的潜力是无限的。

（2）从小事做起。刚开始我们也许什么也不会，你可以从洗袜子开始做起，慢慢养成这种小事自己做的习惯，熟能生巧后，时间也会缩短很多。

（3）积累知识。生活中处处有知识可学，只要你留心发现。衣服掉色了怎么办？怎样收拾才能使房间看起来更加整洁明亮？为何妈妈拖完地后，地面亮堂堂的，而自己拖出来不是这个效果呢？……很多小细节是你要做了之后才会发现的。做个生活的智者，做个独立的人，你一定可以做到！

小时候有一首儿歌：人有两个宝，双手和大脑；双手会做工，大脑会思考；用手又用脑，才能有创造。不要让我们与生俱来的宝贝浪费了哦，好好利用它们，创造属于自己的价值！

知识百叶窗

告别依赖　走向自立

在一个招聘会上，曾出现这样的一幕：一个老人在各个摊位前忙个不停，填了六十多份各类求职应聘表，并且不断地向用人单位咨询。许多人以为她是来找工作的，一打听才知道，她所做的一切都是为了 26 岁的儿子。此时此刻，她的儿子正在家“赋闲”。他一天到晚除了吃饭、睡觉，就是聊天、玩牌、上网。

如果你是招聘者，你会聘用这个 26 岁的年轻人吗？为什么？

不会聘用。

他连这样的事情都让老母亲代劳，自己坐享其成，依赖性强。他注定是一个无所作为的人。像这样一个贪图安逸、懒惰的人，肯定不能独立担当工作，遇到一点点的难处、不顺利肯定也不能坚强面对。

如果我是招聘者，我是不会聘用这个26岁的年轻人的。因为他的自立意识、自我管理和自理能力都比较差，依赖心理比较严重，这样的人是很难获得事业上的成功的。

这个故事说明了，他是一个依赖思想比较严重、自立意识和自理能力都比较差的人。

那么，依赖心理会有什么样的危害呢？

依赖心理的危害：

（1）它会使人丧失独立生活的能力和精神；

（2）还会使人缺乏生活的责任感，造成人格的缺陷；

（3）不能适应社会，甚至危害社会和他人，走上违法犯罪的道路。

鲁滨逊漂流记

鲁滨逊出生在一个商人家庭，少年时他便渴望航海去外面的世界看看。他敢于冒险，敢于追求自由自在、无拘无束的生活。有一天他瞒着他父亲出海，在第一次的航行中遇到了大风浪，险些丢了性命；第二次出海到非洲经商，赚了一笔钱；第三次又遭不幸，被摩尔人俘获，当了奴隶，后来他划了主人的小船逃跑；在第四次航海中船在途中遇到风暴触礁，除了鲁滨逊船上其余人一个不剩，全都遇难，于是他就只身一人漂流到一个荒无人烟的孤岛

上。即使流落荒岛，鲁滨逊也决不气馁。在荒无人烟、缺乏最基本的生活条件的小岛上，他孤身一人，克服了许许多多常人无法想象的困难，以惊人的毅力顽强地活了下来。没有房子，他自己搭建；没有食物，他尝试着打猎，种谷子，驯养山羊，晒野葡萄干；他还自己摸索着做桌椅，做陶器，用围巾晒面做面包。在岛上的第24年，他还搭救了一个野人，给他取名为“星期五”。在他的教育下，“星期五”成了一个忠实的奴仆。就这样，鲁滨逊在荒岛上建立了自己的物质和精神的王国。就在他快要放弃回到英国的时候，他却得到了离开荒岛的机会，经过重重困难，鲁滨逊最终离开了荒岛……面对人生困境，鲁滨逊的所作所为显示了一个硬汉子的坚毅性格和英雄本色。

身处困境，在一个荒无人烟的岛屿上，在没有基本生存条件下，他能顽强地生活下来，若没有平时生活经验的累积，没有坚忍的意志品质，他不可能创造他的生活，成就自己的人生。他对生活的基本认识是他生存下来的基础，在荒岛生活的28年，他每天坚持写日记，就是为了证明自己还活着。他的不屈不挠，他对回归现实生活的渴望，使他把握了生存的机会，完成了自己的壮举。

心香一瓣

◆ 天行健，君子以自强不息。

——《周易》

◆ 生于忧患而死于安乐。

——《孟子·告子下》

◆ 子女中那种得不到遗产继承权的幼子，常常会通过自身奋斗获得好的发展；而坐享其成者，却很少能成大业。

——培根

2. 我不是邋遢大王

邋遢大王

房间是我们的私有领地,一个人待在房间里的时候,很是惬意,但自从杜一鸣染上邋遢的习惯后,他的私有领地就变得"杂草丛生",爸爸妈妈再也不踏进这里一步了。你看,早上起来没有叠被子,床上还堆着昨天换下来的衣服,闹钟和一只毛毛鞋怎么也跑到床上来了?再把目光投向书桌,笔盒打开放着,里面横七竖八地躺着笔、小纸条、橡皮,还有远离笔尖的笔帽。再看看书,全部从书包里滚了出来,有些是翻开的,有些本子上还有墨水的痕迹……某日放学回家,一鸣看到爸爸留下的字条。

邋遢的鸣大王:

你的附属地最近越来越"丰富"了,昨天我们还发现了有生命的物种从你的领地爬了出来,为了减少这种不明物种对整个家族的危害,现命令你迅速打扫整理好房间,否则你的领地将被我们接管。

鸣大王的爸爸

一鸣看了字条后想笑又笑不出来,觉得特别难为情,推门看看自己的房间,确实太乱了。他决定抓紧时间整理房间,在爸爸妈妈回家时,给他们一个惊喜,告诉他们:我杜一鸣不是邋遢大王!

想想看

一说起邋遢大王，同学们想到的是不是那部动画片呢？其实我们生活中，有很多同学都有邋遢的习惯，而且总把这些邋遢的工作交给别人来做，自己“坐享其成”；可别人收拾的东西，自己再去找时，经常会有找不到的情况，这里找找，那里翻翻，一来二去，又把房间搞乱了：这样恶性循环，房间始终都是“脏乱差”。你是这样的邋遢大王么？

智慧锦囊

让自己的房间看起来干净有序，不仅可以使自己生活得更为舒适，而且整齐的摆设可以提高你寻找材料的速度，从而提高你的学习效率。

1. 来看看整理自己桌面的小技巧

◆废物。扔掉你不需要的笔、用过的纸巾、用完的草稿纸等杂物。

◆课本。将同一科目的课本放在一起，并按使用频率将不同课本从下往上、从左到右放在课桌里，上课时，将当堂课的书本放在桌上。同样，也可以将教科书和练习本分开放，这取决于个人习惯。

◆试卷。我们课桌中总有很多试卷，该如何处理呢？先把自己觉得重要的、有意义的整理出来，分门别类，可以分别放在各个文件袋里，也可以分别用夹子夹好；那些不重要的，可以选择将它们放在家里。

◆找一个小盒子存放零碎的物品。

◆最后一点也是最重要的一点：就是用完课本、试卷后记得放回原位；放学前将书桌整理好，方便第二天的学习。也许你会觉得麻烦，可往往做不到这一点的同学，之后会花费更多的时间去寻找，所以千万别纵容了自己的小懒惰哦！

2. 理好书桌后，接下来就是房间其他地方的整理

◆物品的专属地。你的房间凌乱的因素之一是东西没有放回固定的地方：衣服就应该放在衣柜里，鞋子也有鞋盒，书看了后就应该放回书架。所有的东西都有自己的位子，关键是你用过后不要偷懒，记得把东西放回原处，这样下次要用时也就能迅速找到了。

◆美观的摆放。当你整理时尝试着把东西摆放得美观整洁，整理房间会变成一件有趣的事情，你把房间的摆设当做是你在做一件艺术品，怎么样摆才更美，看起来也更加赏心悦目呢？看着自己的成果一点一点显现，动力也就随之增加。

◆不要把东西堆成一堆，这一堆很快会变大，越下面的东西越陈旧，堆得越多就会越不想清理。放东西时第一次就用正确的方法把它放好，这样就不会重复收拾。

二八法则

桌面需要好的收拾和整理，而我们生活中对时间的安排也是如此。

80/20 法则（二八法则）是由意大利经济家帕累托提出的，也就是大家所熟悉的帕累托定律。80/20 法则指在众多现象中，80% 的结果，来自 20% 的原因;20% 的努力，常产生 80% 的结果。这一法则在很多方面被广泛地应用：如 80% 的劳动成果取决于 20% 的前期努力、20% 的人做了 80% 的工作或者 20% 的人贡献了 80% 的条目等等。80/20 法则告诉我们：一些关键的小的投入和努力，通常可以产生大多数的结果、产出或酬劳——提高效率就要抓住那 20%的重点。

一位职场精英总觉得自己一天很疲惫，事情一大堆，常常搞得自己晕头转向的。一天，一位效率专家来到公司，这位精英便请他指导自己如何提高工作效率。专家请他写下自己认为最重要的 10 件事情，5 分钟后这位职场人士完成了；接下来，效率专家又让他花 5 分钟时间写下明

天最重要的10件事情，并且按照重要程度编号。效率专家告诉他，每天写计划，并且按照事情的重要程度依顺序完成。效率专家同时希望将这个做法在公司内推广，并要求这位精英人士在一个月以后按收效付款。一个月后，他给效率专家上万元的利润。几年后，这位精英自己有了3间分公司。

看似很短的时间，如果你把它用来思考如何有条理地安排你的生活时，它产生的作用会很大，这就是80%的结果来自20%的原因。所以将80/20法则应用到生活中来，只需20%的时间就能创造出80%的效益，那么，就达到了“四两拨千斤”的效果。

二八法则与个人幸福

- 明确奋斗目标，弄明白自己最关键的事情是什么
- 发现生命中的贵人，朋友不在于数量的多少，而在于真正的价值
- 发现自己的优势和最容易成功的捷径
- 倾注精力做好生命中最重要的事情
- 在现有基础上再努力20%
- 从忙乱中摆脱出来，享受生命中的80%的快乐

视野天下

电脑“桌面”泄露性格密码

据英国《每日电讯报》报道，近日，研究性格和行为的心理专家唐娜·道森受美国微软公司邀请，研究分析一组办公室工作人员的电脑“桌面”，找出体现使用者性格的线索。道森发现，电脑的“桌面”，即启动“视窗”(Windows)操作系统后的主屏幕区域，能较为准确地反映性格……只是人们没有意识到而已。

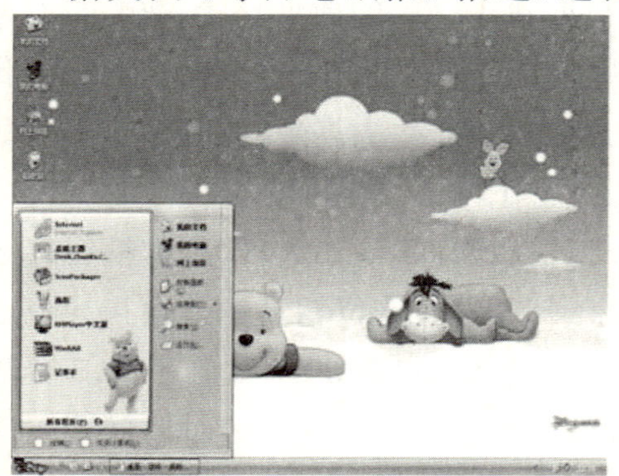

她说:"'桌面'像人的穿着,是自我的外部延伸,能显现性格秘密。"道森把使用者的性格分为7类:普通型、细节型、目标动力型、追求荣誉型、逃避型、艺术家型和社交型。"桌面"可以显现性格,也能帮助培养性格,她说:"一旦知道这点,人们可以借助'桌面'设置给自己正面心理暗示,培养良好的性格。"

图标与性格

- 杂乱散布:不擅组织,目标不清晰
- 分列两边:重视平衡,能保持冷静
- 成行排列:擅组织,但喜欢掌控

墙纸与性格

- 蓝色墙纸:喜欢维护个人隐私
- 孩子照片:反映生活重心所在
- 朋友照片:交往能力强,受欢迎
- 个人成功时刻:自负,喜欢展示自我

摆设与性格

- 摆有不少炫耀物件:精力旺盛,富有雄心
- 摆件稀少但高档:高傲,有野心和魅力
- 物件少又整齐有序:喜欢整齐,控制欲强
- 物件多而错落有致:有艺术家气质,想象力丰富
- 有不少海报、照片:外向、健谈而幽默

心香一瓣

◆我们总以为时间还很多,生命还很长:今天没有机会做的事情,明天还可以继续;今天无法完成的梦想,明天或许有机会去实现;今天禁锢着的心,总有一天会绽放。 如果我们可以想得少一点,如果我们想到什么就去尝试一下,或许人生不会因此而变得格外圆满,但至少能够少一点点遗憾!

3. 周末的奇妙之旅

心灵点滴

清晨的公园

周末一大早，就被爸爸从床上拖了起来，“小妮子，快起床，说好了，今天早上我们一起去晨练的哦！”“好吧好吧，答应了你，我马上就起来了。”虽然很留恋被窝，芬妮还是迅速穿好衣服，洗刷完后，和爸爸一起去晨练了。虽然才早上七点，阳光已露出了她曼妙的身姿，热情地和人们打着招呼。再往河里一看，哇，好多小鱼，加上阳光的照射，就像五彩池一样，真美啊！路过菜市场，卖菜的叔叔阿姨早就忙活起来了，他们正热情地招呼着过往的路人。

芬妮和爸爸在花香的迎接下走进了公园，开始做热身活动，接着是小跑。一路上，芬妮看见好多锻炼的人，有打乒乓球的，有练太极的，有舞扇子的，有跳健美操的，还有个老爷爷在玩扯铃，玩得可真棒。除了锻炼的人们，还有在公园里练琴、唱歌的人呢！“爸爸，原来清晨的公园是这么有活力的呀，感觉真棒，以后早上我都不睡懒觉了，跟你来跑步吧！”芬妮兴奋地左看看右看看，原来她以为大家都会睡懒觉呢，没想到，清晨的风景是这么的美好，这么的吸引人！她不停感慨，还好自己没有错过，以后会用自己的眼睛发现更多的美！

想想看

一想到周末，大多数人会想到睡觉睡到自然醒的美事，诚然这样做有利于我们缓解疲劳，但忽然将生物钟打乱，对身体来说其实是不利的。你有没有想过，你睡懒觉的时候会错过什么？蓝天、晨光、鸟鸣……

智慧锦囊

我们的课外时光如何度过？很多同学都有不同的意见和建议，有个问卷显示，一半的同学是在上网和打游戏，可以看出，大多数同学都是在电脑面前度过的。在这个网络普及的时代，电脑已经成为了我们学习和游戏的重要工具，那么，除了用电脑来打发时间，我们还可以有更多的方式来使我们过得更加充实。

◆**进入知识馆**。我们所在的城市肯定有各种科技馆、博物馆、美术馆、图书馆等地方，如果你还没有去过或是只去了一部分，那么这个周末就可以安排一下，让自己接受更多新鲜的知识。另外，这些活动馆在周末有时会有多种形式的体验活动，可以好好留心一下，不要错过了　机会。

◆**爱上大自然**。我们吃的蔬菜瓜果，你知道它的本来模样么？有类似生活体验的同学肯定觉得这是个简单的问题。大自然的奇妙之处就是，它不仅包容万物，还有不少生命在此孕育。如果周末你能好好地感受一下大自然的美丽，这将是件多么美妙的事情呀！你准备好了么？公园里的花香、鸟叫、泥土的芬芳都能让我们顿感轻松和自在，充沛的精力才是学习的良好保障。

◆**感受“美”。**有人说，一个人认真时的模样是最美的。也许在学习时偶尔还会开开小差，那么当你做自己擅长的、喜欢的事情时，你一定是聚精会神的，你发现自己的这点“美”了么？你弹琴时的陶醉、你练字时的严肃、你绘画时的沉迷、你做手工时的小心翼翼都散发着你特有的美丽气质。

◆**让自己大汗淋漓。**出一身臭汗，洗一个痛快澡，周末就是要让自己的身体好好地享受一次，加速身体的新陈代谢，由内而外好好地放松一下。

◆**助人为快乐之本。**社会上有很多公益团体，选择适合自己的，确定其合法性，就可以让自己在课外时间给予他人更多的帮助。孤儿院、敬老院、义卖会等，他们中每一个人的经历都可以让你感受到不同人的生活，提供我们力所能及的帮助，在别人感受爱的同时，净化我们的心灵。

知识百叶窗

各国大学生周末生活大不同

◎最勤劳的日本大学生

日本大学生可是出了名的物质至上。不过可赞的是，他们够独立，很少向家长伸手来满足自己的欲望，多数大学生会选择在周末等课余时间去打工赚钱，点滴积攒。因为他们宁可“劳其筋骨，饿其体肤”，也要买到那块心头肉，而那块肉可能只是某个明星的写真，抑或是最新出版的动漫……而对于日本大学生的各种打工方式，日本政府全不干预。政府认为反正大学生是最好的消费群体，可以正当地刺激消费，拉动内需，促进日本的经济不断攀升。

◎最正统的英国大学生

莎士比亚不愧是英国大学生的偶像，他们爱他爱到骨子里，就连周末，正值青春期的大学生也会跑到古老的戏剧院去观看文艺复兴时期的经典剧目，够“绅士”的。当然，大学生中也不乏前卫人士，他们会选择抱上一桶爆米花，在电影院待上整个下午，来度过“愉快的周末”。而英国的诸多大学也十分支持学生的这种爱好，设立各类戏剧和电影社团，并对学生出售低廉的戏票及电影票。休闲艺术两不误，原来“绅士”是这样炼成的。

◎最无趣的法国大学生

超没技术含量的周末，要不怎么说法国人有点木呢，居然有75%的法国大学生的周末是抱着电视度过，而且还喜不自胜地从一台开始不停调下去，甚至还要拿出87%的时间来收看广告。Oh my god（天哪）！谁能想到浪漫、热情的法国年轻一代会是这样过周末的呢？不过说到电视节目，法国的“广电局”就连《死亡游戏》——这类在电视上对参赛者进行高压电击，直至哀求声全无，才意犹未尽地关掉电闸的综艺节目都能热播，就不难想象，为啥法国电视这么吸引年轻的大学生了，玩的就是心跳嘛！

◎最自由的德国大学生

争强好胜的日耳曼民族，连休假在欧洲都是“冠军”。据统计，德国人每三天中就有一天休息。而大学生的假期更多，一般来说，每年可享受约一百五十天的假期。于是，周末旅游，就成了大学生活中不可缺少的部分：谁让欧洲那么小，景点那么多，好像北京地铁下一站似的。想周末把这些好动的“未来战车”困在家里都难，而德国各级政府的教育部门及诸多大学，也会提供有关咨询服务，协助学生与其他国家的有关机构联系。因为德国大学生的这种旅游出行十分节俭，且主要以学习语言为目的，经费更是平时打工积攒的，这恰恰可以让他们帅气地背起行囊看世界。

◎最质朴的马来西亚大学生

走亲访友是马来西亚大学生度过假期的常见方式。一到周末，作为半个家长的大学生们，就会拉着弟弟妹妹这一群小孩子走访亲戚。常常是大舅家玩半天，二舅家吃一顿，感情好不融洽，且省钱省事，只是苦了正处于人生中最好年华的大学生们，完全变身儿童看护、周末保姆。但传统而质朴的马来西亚大学生很看重亲戚间的感情，所以，他们很乐意这样拖家带口地相互走访。要不，马来西亚家族企业怎么那么多呢？原来年少时就懂得公关了。

◎最可爱的澳大利亚大学生

你能想到这个到处有着可爱袋鼠的活力国家，大学生们周末热衷于公益事业吗？而事实上，澳大利亚的大学生们就是这么“有爱”。他们的父母多是虔诚的基督教徒，会教育自己的孩子从小要去爱别人。所以，这些孩子成年进入大学校园后，就会利用周末的闲暇时间去社会的各个角落做义工，如去养老院里看护老弱病人，清扫偏僻的道路，联合起来抗议猎杀野生动物，抑或走在街头宣传消除种族歧视……总之，他们在用行动告诉我们，原来世界很有爱。

◎最苦闷的巴基斯坦大学生

巴基斯坦的孩子也是在书山题海中长大的。就算读到大学，也依然是学习、学习再学习。没办法，谁叫人多饭碗少呢！大学老师也会像对待小学生一样，学校内课程繁重不说，竟然还会布置家庭作业。So（因此），巴基斯坦大学生周末只能在家做作业，堪称最苦闷的大学生周末了。就算你是“超人”，可以提前完成这些，那可亲可敬的学生会也会利用周末组织活动，带着“超人”们去继续“充电”——参加各类学习辅导班，尤属英语辅导班最火。

◎最文艺的泰国大学生

就算你读了大学，又能怎样，还不是照样毕业后失业。要知道，在这个有点动荡的国家，旅游是第一大经济支柱产业。为了毕业后能混口饭吃，很多大学生都会利用周末时间学习各种乐器、歌舞，以便在看起来繁荣的旅游业中找到一个还算不错的谋生职位。而泰国政府有关部门也设有长期性的大学生周末文艺活动，例如泰国文化委员会在国家文化中心设立“泰国青少年乐队”，每周组织大学生交响乐队和管弦乐队进行培训。

搭车去柏林

一个美籍中国小伙（谷岳），一个纪录片导演（刘畅），在 2009 年夏天一路只依靠陌生人的帮助，从北京到德国柏林，用招手搭车的方式前进，共搭车 88 次（包括维吾尔族大爷的三轮车 1 次，伊拉克老农的拖拉机 1 次，吉普赛人的马车 1 次），途经 13 个亚洲与欧洲国家，穿越中国、中亚和欧洲，耗时 3 个半月，行进 16000 多公里，最终抵达了德国柏林，完成了一次史无前例的、艰辛又浪漫的旅程。

一篇《史上最浪漫情人节礼物》的帖子很火，一个 70 后男青年谷岳的“事迹”视频成为热门“谈资”。这一切都源于旅游卫视 2 月 14 日开播的纪录片《搭车去柏林》，讲述了 2009 年夏天，美籍中国小伙谷岳想去德国柏林看女友，选择仅仅依靠陌生人帮助，一路“搭便车”的旅行方式，全程 16000 多公里、途径 13 个国家，穿越中国、中亚和欧洲，直到柏林。

抛去“看女友”这个浪漫的动机，《搭车去柏林》最让人激动的是一种放弃世俗束缚，体验“在路上”的自由精神。一个良性健康的社会应该是多种价值观并存才有趣，恰恰相反的是，现在的都市人正集体被物质化的生活绑架，把一套房、一辆好车作为奋斗理想的年轻人比比皆是，为此，他们必须打卡上班，忍受老板的刁难和不喜欢的重复劳动，继而成为各种“奴”并认为理所应当，无论赚多少钱都缺乏安全感，为之碌碌终生以换取所谓的正常生活。

《搭车去柏林》吸引人之处在于，谷岳的行为明确割断与这种“理所当然”的联系：毕业后他曾在美国给 GE 做了两年金融，但不想这样“无聊”过一辈子，2003 年把家当都卖了开始边打工边旅行；他属于没车没房一族，平时靠自拍的照片、DV 维生；从北京飞往柏林的单程机票区区几千元，他这趟搭车去，全程花了 2 万多，路上“耗”了三个月，有时候甚至一天都搭不到车。但他拥有头等舱直飞永远无法体会的乐趣——搭车不付费，需要人与人最直接的信任和交流来换取……《搭车去柏林》之所以打动那么多人的心，是因为让他们看到这个世界的生活方式其实可以有很多种，决定权都在你自己手中。“有些事，你现在不做，永远也不会去做”这句话一定击中了某些人内心尘封已久的记忆。

心香一瓣

不要问我带些什么到那边去，
我只带着空空的手和企望的心。
我要戴上我婚礼的花冠，
我穿的不是红褐色的行装，
虽然间关险阻，我心里也没有惧怕。
旅途尽处，晚星将生，
从王宫的门口将弹出黄昏的凄乐。
假如一天已经过去了，鸟儿也不歌唱，假如风也吹倦了，
那就用黑暗的厚幕把我盖上罢，如同你在黄昏时节用睡眠的衾被裹上大地，
又轻柔地将睡莲的花瓣合上。
旅客的行程未达，粮袋已空，衣裳破裂污损，而又筋疲力尽，
你解除了他的羞涩与困窘，
使他的生命像花朵一样在仁慈的夜幕下苏醒。

—— 泰戈尔

4. 我的健康我负责

错过的春游

“5555，为什么偏偏在今天生病呢？”今天是去博物馆参观的日子，俊晨已经准备好了所有东西，就等着今天的到来。谁知道今天一大早，就感觉全身软绵绵的，没有力气，妈妈过来摸了摸俊晨的头，给他量了体温，才知道，俊晨正发着高烧呢。奶奶说最近流感严重，先吃药看能不能退烧，不行的话就要去医院。因为感冒发烧，所以今天去不了博物馆了，俊晨感到很失望，可为了自己的身体，只能下次再去了。

妈妈特地请假在家陪着俊晨。迷糊中，俊晨感到身体被很凉的东西接触到了，一定是妈妈在用酒精给他擦身体，这样可以帮助身体散发热量。可奶奶还是不放心，一定要让爸爸回家带俊晨去医院。趴在爸爸宽厚的背上，俊晨感到很舒服很有安全感。终于，烧退了，全家都松了一口气。

晚饭后，张老师和好几个同学都打电话来关心俊晨，虽然今天生病了没有和同学们一起去博物馆，可老师和同学们的关心，让俊晨心里觉得好温暖，看着班级博客上的照片，俊晨好像自己也参与到了活动中。而爸爸、妈妈和奶奶的爱，让俊晨感到了家的温馨。今后自己一定要加强锻炼，不要再生病，再让爱自己的家人烦恼了。

想想看

什么叫做“永远”？不同人肯定有不同的答案。若我们失去了健康，并且是永远地失去，你会有什么样的感觉？你一定懊恼自己的偷懒，悔恨平时对身体的不在意，可一切都为时已晚，因为真的到了那种地步，你便永远地失去了最宝贵的东西。

智慧锦囊

有一些常见的疾病在我们学生中是比较多见的，了解这些疾病的相关信息，有利于我们提前预防和治疗。

◆龋齿。最常见的疾病之一，引起疼痛，影响食欲、咀嚼和消化功能，影响生长发育，严重的会导致牙髓炎、颌骨骨髓炎等。主要由细菌、糖类食物和机体的抗龋能力三者起作用。预防措施：①注意口腔卫生，学生要养成早晚刷牙，饭后或睡前不吃零食的习惯。正确使用刷牙方法（竖刷法），时间不宜少于 3 分钟，刷牙最佳时间是饭后，定期更新牙刷；②合理营养，增加机体和牙齿的抗龋能力，多吃豆类、乳、蛋类、芝麻、鱼虾及含钙质较多的藻类；③定期进行口腔检查。

◆沙眼。沙眼是慢性传染性眼病，通过接触传染，凡被沙眼衣原体污染了的手、毛巾、手帕、脸盆、水及其他专用物品都可传播。预防措施：①做好健康教育，教育学生养成爱清洁、讲卫生的习惯，使用的手帕、毛巾要干净，勤洗手，不用手、衣服或不净的手帕擦眼睛；②不要和沙眼患者共用毛巾、手帕。

◆贫血。贫血易导致体力、智力、免疫力降低，严重时引起呼吸循环系统症状。偏食挑食，易引起铁缺乏。在青春发育期的青少年，体重身高突增，血容量增多，易发生贫血。预防措施：①多食含铁丰富的食物，如动物内脏、瘦肉、鱼禽等；②养成良好饮食习惯，按时就餐，不挑食、不偏食；③定期进行贫血监测。

◆蛔虫病。常见的肠道寄生虫病。一般有轻度消化不良及神经症状，如食欲不振、瘦弱、易受刺激等。围绕脐部轻微腹痛，按之无压痛，也无抵抗，并发症：胆道蛔虫病、肠梗阻、阑尾炎、肠穿孔等，可以危及生命。预防措施：①养成良好个人卫生习惯，不喝生水，勤剪指甲；②生吃瓜果时，必须用清水洗净，去皮在开水中烫后再吃；③不随地大便等。

◆脊柱弯曲异常。可致胸部畸形，影响心肺血液循环及呼吸消化功能，使肺活量减少。预防措施：①培养学生良好的读写习惯及正确的坐行姿势，课桌椅符合身高；②读写光线左侧采光；③书包不宜过重，提倡双肩背书包；④坚持体育锻炼，合理营养；⑤定期检查。

◆跌打损伤。伤后应立即予以冷敷或冰敷，超过 24 小时后才可以热敷，并使用一些外用药，如正红花油等。

知识百叶窗

“青春期像架在激流上的一座桥，我们就走在这惊险却美丽的桥上。”一位同学这样描述青春期。世界卫生组织（WHO）把青春期的标准划分为 10~20 岁，分为前期 10~14 岁、后期 15~20 岁。青春前期生长快，后期生长缓慢。青春期我们该如何做好保健呢？

1. 面部皮肤保健

痤疮又称粉刺，青春期男女均可发生，尤以男孩为多。痤疮是由于青春期性激素大量分泌，刺激皮脂腺分泌过盛，又排出不畅，堵塞压迫毛囊使之破裂，皮脂及其分解产物刺激组织发生炎症反应而引起的。痤疮杆菌在皮脂腺内寄生与痤疮的发生有一定的关系。防治痤疮的基本方法有：(1) 保持皮肤清洁，常用温水和中性肥皂（香皂或浴皂）洗脸；

(2) 注意饮食，不吃脂肪和糖类食物，不食辛辣，如葱、蒜、辣椒等，禁忌烟酒，多吃新鲜蔬菜和水果，多喝水，保持大便通畅；(3) 避免精神紧张，保持乐观、自信的心态；(4) 痤疮千万不用手去挤压，以免给细菌侵入和繁殖创造条件。

2. 毛发的保护

青春期脱发的预防包括经常洗头，注意头发卫生；每日 2~3 次梳理头发，以促进头皮血液循环，并可除去头皮屑，使头发不受侵害。其次是加强营养，从饮食中补充丰富的蛋白质、脂肪类和维生素以及微量元素，以促进头发生长并使头发保持光泽而不易脱落。另外，精神因素也影响脱发。例如，思虑过度、精神紧张、情绪不良、失眠多梦、抑郁悲伤、恐惧不安等都会引起神经性脱发。因此，保持精神愉快、情绪稳定也是预防脱发的良方。

男生要注意胡须的卫生保健。要常用干净、消毒的剃须刀修刮胡须，切勿用手指、镊子、铁铗等物硬拔胡须，以免引起毛囊发炎。最后，注意科学地用脑、保证充足的睡眠和适当休息也是青春期毛发保健的重要方面。

3. 预防身体肥胖，保持健美体形

预防肥胖首先应注意合理进食。青少年要定时定量进食，不应偏食；吃饭时细嚼慢咽，不暴饮暴食；要少吃甜食、零食、油腻食品，应以高蛋白、低脂肪、新鲜蔬菜、水果和含有维生素及矿物质的食物为主。

要积极参加体育锻炼，保持适度的活动量，消耗多余热量，以避免体内热量过剩，转变为脂肪积聚起来而形成肥胖。目前，在青少年中，尤其是在女生中间，又出现了另一个极端的倾向，即为了体形苗条采用不科学的饥饿办法，或不吃早点，或不吃有营养的肉蛋类食物，这都是不可取的，会影响身心的正常发育，使内分泌紊乱、月经不调等；有的还造成厌食症，或胃萎缩，严重威胁身心健康。

4. 青春期应该怎么保护嗓子

青春发育期，男少年的嗓音会从稚嫩的童声转变为粗壮低沉的成人

嗓音，这就是所谓的“变声期”。变声期内声带会发生肿胀、充血现象，所以要特别注意保护好嗓子，以免引起嗓音长期沙哑。

变声期不使劲喊叫、唱歌，唱歌要有节制；唱歌、大声讲话后不要马上喝冷饮，应喝温开水。冬季应注意保护颈部，同时应注意适当休息，加强体育锻炼，预防感冒。少吃有刺激性的食物如辣椒、大蒜、油炸食品等，还要禁烟酒。女生月经期间，会出现生理性的声带充血，应该特别注意保护嗓子。

视野天下

痘痘告诉你，身体哪里生病了

我们的面部不同部位长痘都预示我们身体的不同部位出现了问题，需要得到调节和保养。

◆额头痘 vs 肝脏、心脏

说明肝脏积累了过多的毒素，压力大，脾气差，心火过旺。应早睡早起，多喝水，让肝脏按时工作。劳逸结合，适当休息，寻找一种适合自己的放松心情、缓解压力的方式。

◆鼻翼痘 VS 生殖系统、胃

说明油脂分泌旺盛，胃火过大，消化不良。便秘、胃胀气的人容易长鼻翼痘。记得及时清除毛孔污垢，少食刺激性食品。

◆唇周痘 VS 肠

便秘或者肠热，吃了太多辛辣、油炸食物，使用含氟过多的牙膏。便秘会导致体内毒素累积，应多吃高纤维的蔬菜水果，调整饮食习惯，可以配合腹部按摩帮助排除宿便。

◆左脸颊痘 VS 肝脏，血液循环

说明你的血液排毒能力降低，有可能是肝脏出现了问题或是血液循环出了问题。应多吃一些凉血的食物，降火保肝，可以用温度低于体温的水洗澡，保持心情愉快。

◆右脸颊痘 VS 肺

如果你肺火上升，喉咙干燥，痰多咳嗽，留意一下右脸颊痘。注意保养呼吸道，尽量避免吃易过敏的食物。在肺最有力的时候，即上午 7~9 点做些有氧运动，比如慢跑，能强健肺功能。

◆腮边颊痘 VS 淋巴循环

长期肝脏负担加重后，上升为淋巴循环不畅。应使肝脏排毒，不可劳累，暴食暴饮，适度增加睡眠时间，减少睡前饮食的习惯，不加重肠胃负担。

◆下巴长痘 VS 内分泌失调

一般表示体内激素失调，周期失衡。内分泌失调，要少吃冰冷的东西，可以进行身体按摩或是淋巴引流改善。

人生尽有福，人福不知足；
思量事累苦，闲静便是福；
思量遇难苦，平安便是福；
思量疾危苦，健康便是福；
思量死亡苦，在生便是福；
思量饥寒苦，温饱便是福；
思量挑担苦，步行便是福；
思量孤独苦，有伴便是福；
思量奔波苦，居家便是福；
思量罪人苦，守法便是福；
思量下愚苦，明理便是福。

5. 保护好自己，不盲目救人

自救事例二则

则一：

赵小锐和同学利用暑假到森林中参加生物夏令营，他看什么都感到新鲜。突然，他发现一只美丽的大蝴蝶，他想也没想，抄起捕虫网就追了过去。也不知道跑了多长时间，当赵小锐如愿以偿抓到那只大蝴蝶时，周围已经找不到一个同学了，也听不到一点同学们的谈笑声，甚至连那条森林中的小路也不知去向了。他迷路了。这时，他想起老师说过的话："在森林中迷路时，千万不要惊慌，一定要冷静。"想到这，小锐做了几次深呼吸，平静了一下心情，开始为如何走出困境思索起来。不久，他就制订了一套方案：他先是回忆起自己离开队伍的时间，然后仔细观察附近的地形地貌，找到自己跑来时踩出的脚印，沿着脚印一步步慢慢地走，终于走回到来时的那条小路。沿着路走了没多久，就听到了老师和同学们的呼喊声，小锐激动得都要哭了。他成功了！

则二：

林林放学时碰到坏人，他们向他要钱，不给钱就要抢他的手表。林林当时十分紧张，但是还能冷静。他见一个男青年牵着一条小狗走来，立刻迎上去抱起小狗，又是亲亲，又是摸摸。青年很高兴，任随林林亲近他的小狗。他抱着小狗随青年走了一段路才说："叔叔，有人要抢我的手表。"青年回头一看，握起拳头呵斥道："再跟着，讨打呀？"那些人终于散去了。

小锐和林林可以说是非常幸运的,他们都十分机警,遇到危险时冷静下来,令自己摆脱了险境。遇到危险时,我们要先学会保护好自己,生命只有一次,不能开任何玩笑。

想想看

你是否亲身经历过或见过别人遇到紧急情况呢?当时你的反应是怎样的?采取了怎样的行动呢?遇到危险时,你能否将平时所学的知识迅速调动出来,并正确地用于实际情况中呢?

智慧锦囊

我们现在还是未成年人,一旦遇到紧急情况,最好不要进行力所不及的反暴力行动或者是救人行动。所以,当遭遇危险时,我们应该学会如何脱离险境,全身而退。一旦发现自己成为歹徒作案的目标,必须想方设法,走为上策。平安成长比成功重要,应该清醒地认识到自己的能力,英雄不是用生命换来的。做好力所能及的事情,遇到突发情况更应如此,盲目地救人根本不值得表扬鼓励;连自己都保护不好的人,是缺乏责任感、缺乏智慧的人。请你保护好自己,学会求助于成人,让自己平安成长也是对自己负责的表现。

(1) 外出尽量结伴而行,告诉父母自己去了哪里,大约何时回来,同伴的联系方式是什么。单独外出要走灯光明亮的大道,不抄近道、走小路;夜晚外出,要带手电筒和哨子等物品,遇到危险,用手电照射匪徒面部,吹哨子求援等。

(2) 在偏僻的马路上,要面对车流行走,不要背对车流,以免有人停车袭击。不搭陌生人的顺风车。

（3）尽量避免在无人的汽车站等车，这样，你容易成为坏人袭击的目标。若怀疑有人跟踪，应试着横穿马路，看那人是否仍在跟着你；若那人紧追不舍，应向附近人员求救或报警求援。

（4）若遇到公然抢劫，记住保护自身生命是首要的，不要过多地顾及财物，不要硬拼硬抢。关键时大声呼救，及时报警。

（5）多学学急救的知识，包括伤口流血后止血和清洁，烫伤后冷水冲洗处理，人工呼吸和心肺复苏的方法等，这些急救知识在关键时候会让你保持更加清醒的头脑，为救人救己争取到时间。

（6）若遇到火灾、地震等突发灾害的情况，要保持冷静，迅速地分析情况。就近寻找逃生的工具，将平时所学的急救知识调动出来，为自己争取生存的时间和机会。

知识百叶窗

《每日商报》报道了一篇关于突发状况的情景模拟。

模拟现场是这样的：民警在水景公园的人工湖边，随意摆放了长竹竿、泡沫块等道具，并且从现场参加活动的孩子中，挑选了4名十几岁的孩子，民警告诉他们，过会儿你们要到池塘边玩耍，发生任何事情都要自己想办法处理。而这4名孩子中，有一名女孩是民警事先安排好的，她将扮演的是落水者。交代妥当后，四名孩子便在池塘边玩了起来。这时，突然小女孩“扑通”一声掉入了水中，她的头也时不时地沉入了水下，小女孩拼命挣扎和呼救着。与她一起玩耍的三个男孩见到眼前突然出现的这一幕，变得不知所措起来，而岸上的孩子也都惊叫了起来。该怎么办呢？这时一名稍大点的男孩看到池塘边上有一根竹竿，他赶紧将其拿起，并让其他两个男孩一起帮忙，把竹竿伸向水中，并让女孩抓住竹竿，将其慢慢地拉回了岸边。

请记住：未成年人即使水性再好也不要盲目入水救人，应该大声呼喊，向周围的成人求救。

现场的民警说，避免惊慌失措是赢得最佳救援机会的第一步。一旦落水，要尽量保持冷静，无论是否会游泳都不要慌乱挣扎，浪费自己的体力。会游泳的人可以努力让头部露出水面，并且想办法靠近周边的依托物，不让自己身体下沉。如果碰到脚抽筋，则要弓起身体呈“v”字状，并用力将脚伸直，用一只手拉住脚尖，缓解抽筋症状。

而此时，岸上的同伴更要冷静。特别是未成年人，即使水性再好也不要盲目入水救人，应该大声呼喊，向周围的成人求救。如果现场找不到人帮忙，可以就地取材，将竹竿、泡沫块等物扔给落水者，避免其沉入水中。另外，用竹竿将落水者拉上岸时，自己一定要趴下，防止被落水者拉入水中。同时，岸上同伴也要及时拨打 110 报警电话求救。

在我们未成年之前，你的首要责任是保护好自己的生命，如果遇到有人求救，你应该帮助这个人大声呼救，打电话叫人来帮助，尽力而为，但你不可以独自盲目采取行动。否则，你不但救不了人(延误了最佳的救人时机)，还会白白丧失你幼嫩的生命！

视野天下

意外状况发生时，下面有些小方法，请牢记！

学会识别谎言　对于陌生人问路，敲门进屋，称你的父母要他把你带到某处或请求协助寻找丢失的宠物之类的事情应保持警惕，这是犯罪分子诱拐儿童的普遍策略。如：有的陌生人装作认识你，叫出你的名字(其实他可能是看到了绣在你衣服上的名字或跟踪你时听到有人这么称呼过)；有的自称是消防人员，编造你家房子着火的紧急情况；有的谎称是父母的朋友，要将你带到你的父母那儿，等等。在未得到爸爸妈妈的亲口允诺时，都不能跟着陌生人甚至是警察和消防员走。

不要只看陌生人的外表　若要大家画出陌生人的样子，一般他都会画出一张可怕的嘴脸。其实，那些真正想侵犯孩子的人一般都会装出一副和蔼可亲的面孔。

据有关方面调查，在对儿童进行性犯罪的嫌疑人中，90％是儿童认识的人。在未知会父母的情况下，女孩子不要单独外宿或跟异性到任何地方去，即使是认识的人。

学会大声呼叫　小孩子身单力薄是打不过侵犯者的，但他们能做许多吸引周围人注意力的事情。比如，大声呼喊"救命！他不是我的爸爸！"这样会引起围观者的注意和警惕，争取到救助的可能。

要勇敢地说"不"！　假如有人威逼你做无礼或危险的事时，要勇于说"不"！

让我们尽情倾诉　在日常生活中，我们要经常跟父母进行交流。这样你一旦遇到不惬意的事或有陌生人骚扰了你，你才可以尽情地倾诉。知道很多人时刻在关心着你，能使坏人得到应得的惩治。

可以求助的人很多　遇到麻烦找警察，是最基本的常识，但仅此还不够。假如警察不在附近怎么办呢？公园、商场、电影院等地方的工作人员都可以求助，多一个选择就多了一个避开伤害的希望。

警惕电子领域　注意电子领域的安全事项非常重要，要注意保护家庭及个人的一些秘密，不要轻易约见在网上结识的任何人。

在游戏、演练中增强自护自救本领　我们经常听到一些自护自救的方法，但这远远不够，因为当时可能记住了，过后就可能忘记。有机会要进行角色游戏和演练，经过多次练习才能逐渐掌握要领。

人的生命只有一次，但财产可再生。因此，当遇到危险的时候，不要用生命去保护财产。如果遭遇抢劫，请不要拼着性命去保护你的书包、钱包等；如果教室里起火了，首要任务是逃生，而不是去救桌子、板凳；如果地震了，要先把生命保住。

心香一瓣

◆人生何其短暂，如流星之于夜空；生命何其卑微，如尘埃之于苍穹。而我们又何其短视，如盲人之黑天摸象。总以为今天很长，明天就是永远；总以为自己很高，登顶即为山峰。在有限的人生里极度挥霍；在浩渺的宇宙中肆意践踏。对时间要珍爱，对生命要敬畏，我们才能找回本真的自己。我们要学会珍惜我们生活的每一天。因为，这每一天，都将是我们余下的生命之中的第一天，除非我们即将死去。

——佚名

第三篇　我是学业达人

“我们读书时，是别人在代替我们思想，我们只不过重复他的思想活动的过程而已，犹如儿童启蒙习字时，用笔按照教师以铅笔所写的笔画依样画葫芦一般。”学习也如此，死记硬背不是学习，狼吞虎咽不是学习。好的学习是由好的方法作支撑，好的习惯作依托。做个会学习的人，你会发现更多乐趣。

1. 津津有味地听课

心灵点滴

懒羊羊学数学

"铃铃铃"上课时间到，羊村村长开始给小羊们上数学课。看，美羊羊、喜羊羊、沸羊羊都听得可认真了，只有懒羊羊，心里念念不忘他的香草蛋糕，想着想着便进入了梦想，梦里一大堆的蛋糕围着他，有草莓味的，有巧克力味的……村长继续着他的讲课："我们羊村准备去山上采摘野果，每只羊可以摘两个小筐的野果，我们有30只羊，一共可以摘多少筐野果呢？"

这下，小羊们都热烈地讨论起来，有的说60筐，有的说58筐。"为什么是58筐呢，喜羊羊？""按照村长的说法，我们是应该有60个小筐的野果，可是村长你年纪已经大了，只能提一个小筐，而懒羊羊肯定是边走边吃，一筐野果下山时已经被他吃完了，所以最后只剩58筐了。”喜羊羊说完后，小羊们都哈哈大笑起来，村长摸了摸了胡子，笑着点点头，而懒羊羊呢，刚做完他的美梦呢。

周末，天气晴朗，羊村集体去山上摘野果了。到了回去的时候，村长让懒羊羊数数有多少筐野果。“为什么会少一筐呢？”懒羊羊急了，“明明我也摘了两筐呀！”美羊羊大笑起来：“你这个懒羊羊，上课不好好听讲，自己还偷吃了一筐，果然和喜羊羊说的一样。”懒羊羊不好意思地笑了。

想想看

我们在课堂上有没有像懒羊羊一样因为开了小差，而闹了笑话呢？课堂，是我们学习的主要阵地，很多同学都有过这种感觉：喜欢的课，会觉得时间过得很快，上课的积极性也很高，一节课下来大部分知识都掌握了，说不定还有感兴趣的问题跟老师讨论讨论。但总有一些课是你不怎么喜欢上的，有时尽管尽力听了，但慢慢地就会开小差，总觉得学得很吃力。思考过吗？为什么喜欢的课越学越好，不喜欢的课尽力了也就如此呢？

智慧锦囊

你可以回想一下，当你很想在某堂课上好好表现自己时，前一天晚上你是否会好好地把第二天要学习的翻看一下，甚至会查阅相关资料。第二天课堂上，你把手举得高高的，回答问题后被老师赞扬，你觉得美滋滋的。课后认真完成作业，当下次课前你又如此，良性循环使你学得很轻松。再看看，你不知不觉中进行的学习步骤，不正是很重要的预习、检测、复习三步曲么？现在，我们来讲讲使用这三步曲的小方法，将其应用在你不擅长的科目上，坚持下去，就会有意想不到的进步哦！

第一步 预习

捷克教育家夸美纽斯说过：一切后教的知识都要根据先教的知识。预习可以扫除听课中的“拦路虎”，提高听课效率。

（1）阅读。浏览第二天要学习的课文内容，了解讲课的内容、相关的文章中的注释，标明哪些内容较容易理解、哪些内容较困难，提高学习的针对性。阅读时要边动手边动脑，要眼到、心到、手到。一遍阅读下来应有相应的笔记，而后可以重复，再去寻找自己有疑问的地方。

（2）预习笔记。预习笔记可以是你的心得、感悟、疑问，也可以是自行设定的预习表，它能够反映你的预习情况。还可以将自己觉得重要的部分，摘抄下来；将自己查阅工具书的内容记录下来。

（3）预习要分轻重缓急，有针对性地预习。选择自己的短板学科，多预习点时间，而自己擅长的，则可减少预习时间。合理利用时间，不同学科应有不同的预习方法，这将有助于提高预习的效果。这种习惯不是一朝一夕就能形成的，要坚持，可以先选择一两门自己比较吃力的学科进行预习，待取得效果后，增加了自信，再增加学科，从而做到全面预习。

第二步 课堂问答

课堂问答既是互动，又可以检测我们的预习情况。可我们都有害怕课堂上被提问，总是低着头的时候，是不是没准备好呢？

（1）克服知识上的缺陷。做好预习工作，老师提问的基本内容都可以在预习时找到答案，把它勾画出来，若提问是这类问题，照着回答即可。另外，上课一定要认真听讲，老师的问题都是围绕上课内容展开的，掌握了老师的问题，加上自己的思考，回答出问题是不难的。在回答问题时，一定要弄清楚老师提问是判断还是讨论，若是讨论，便可大胆说出自己的答案，供大家讨论。

（2）树立正确的自我意识。认知的改变可以促进我们行为的改变，可多给自己一点积极的暗示，例如，“我一定可以的”“我一定能顺利回答这个问题，因为我已经在预习时解决了这个问题”“我一定可以镇定地回答，因为我相信自己”等等。告诉自己，能做到这件事，能克服遇到的困难，相信自己。

（3）淡然处理同学的议论。也许你的某一次回答，出乎大家的意料，同学们为此讨论了起来，这是十分正常的现象，正因你给的答案新颖，并值得大家讨论，同学们才会如此。从另一个侧面讲，这不正说明了你有创新性，思维比较开阔么？

第三步 复习

我们的大脑要想把知识记住，那么就要通过不断去重复学过的知识，才能避免遗忘。

（1）及时回忆。遗忘曲线已经表明，学习完成后遗忘便立即出现，及时的重复是防止遗忘的最有效方法。及时复习是一种积极主动的活动，需要高度集中的注意力，把课堂上老师讲的东西在头脑中再次呈现出来。回忆时可以一个人单独回忆，也可以和同学一起回忆，互相促进。这样有助于你理解当天的讲课内容，强化记忆，而且可以更有针对性地复习，对重难点问题投入更多精力。

（2）科学安排。复习可以分为集中复习和分散复习。分散复习可以与休息和娱乐交替进行，这样不容易形成疲劳。而集中复习需高度集中注意力，积极应对，这样也可以有良好的成效。集中复习时应注意要安排好休息时间，不要急功近利哦！

（3）定期重复。克服遗忘，便要不断重复。学习和重复间的时间隔得越长，遗忘的知识就越多，可以当天巩固新知识，隔天一个小结，每周可以有个小的总结，以此类推。而从内容上看，每一节课的内容要及时回顾，每单元的内容要梳理，章节与章节间要理清关系，形成知识网，才能对知识有整体上的把握。

（4）分清重难点。重点的地方我们要投入较多的精力，而我们不懂的地方，有疑问的地方就更应该好好处理。复习过程中，要把精力放在重难点处，分析出其关键和易错的地方，做好笔记，还可把这类问题进行梳理，做到举一反三。这一点同样可以通过整理笔记来完成，这样既可以把知识温习一遍，还可把相关的内容、相关问题的答案及心得、解题思路补充进去，保持笔记的完整性和准确性。

（5）错题库的建立。错题库的建立，首先要注意质量，不能一遇到不会的题就把它放入错题库，也不能因为有些题请教了老师或同学便认为自己会了，就不去重视它。收入错题库的题目要有代表性，是能够举一反三的好题目，而且不能只是将错题纳入，还要注意那些误打误撞做对的题目；题型方面，不能只注重选择题而忽视了问答题、材料题等，对于这类字数较多的题目，可以记下做题心得、错误原因分析以及要注意的事项等。

(6) 检验复习效果。今天觉得掌握得很好的知识，可能随着时间的推移而淡忘，或者是记得不够准确。通过自己设定检测，独立完成，可以较好地检测出错误，找到根源，攻破这个堡垒。但参考书的购买要合理和适当，不要见什么买什么，找到一本合适自己的才是比较理想的。买回一本书就用好一本书，认真对待，才能取得想要的效果哦！

记忆的奥秘

记忆是一种复杂的心理过程，是人类最重要的信息存储库。我们刚才提到的“三步曲”的最终目的也是让我们牢牢记住所学的东西。

整个记忆的过程可以分成三个主要部分：编码、存储和检索。它可以分成三个阶段：感觉记忆、短时记忆和长时记忆。感觉记忆的时间很短，我们感觉到的信息只在一个极短的时间内保存下来，它就好像记忆系统的接待室，所有的信息都要经过这里，但在“接待室”的信息大部分迅速消退，只有我们觉得重要的信息，才会多注意它，这时便将感觉记忆传送到了短时记忆。短时记忆保存也很短，不会超过 1 分钟，而且容量有限，若不经过重复，我们想要的信息便不会进入长时记忆，就会迅速被遗忘。长时记忆的储存时间为 1 分钟乃至终身，并且容量极大。

讲记忆当然离不开遗忘了。德国心理学家艾宾浩斯 (H. Ebbinghaus) 研究发现，遗忘在学习之后立即开始，而且遗忘的进程并不是均匀的。最初遗忘速度很快，以后逐渐缓慢。他认为“保持和遗忘是时间的函数”，并根据他的实验结果绘成描述遗忘进程的曲线，即著名的艾宾浩斯记忆遗忘曲线。

时间间隔	记忆量
刚刚记忆完毕	100%
20 分钟后	58.2%
1 小时后	44.2%
8~9 小时后	35.8%
1 天后	33.7%
2 天后	27.8%
6 天后	21.1%

所以，要对抗遗忘，需不断地重复。预习、课堂的问答和复习可以一遍又一遍地加强我们的记忆，多次重复后，最终要使知识进入长时记忆，以后要用的时候提取出来就可以了。你学会这三步曲了么？

杰出人物的超群记忆

东汉和帝的皇后邓绥，根据《后汉书·皇后传》记载："邓绥六岁能《史书》，十二通《诗》、《论语》。"意思是：邓绥六岁的时候就能读懂各种文言文的史书，十二岁的时候就已经通读了《诗经》和《论语》。由于邓绥太聪明，邓家的人都十分佩服她，并且发自肺腑地把她称为"诸生"，即儒生的意思。古代的儒生都是些很博学多才的学者，而且一般都是一些白胡子老爷爷才配得上别人这样的尊称，而邓绥这么小年纪就被称为儒生，可见她多聪慧。

王粲是东汉末年著名文学家，"建安七子"之一，由于其文才出众，被称为"七子之冠冕"。跟人们一起行走，阅读路边的碑文时，别人问他说："你能够背诵出来吗？"王粲回答说："能。"于是大家让他背对着碑文背诵，结果他不漏一个字地背完了。他曾经看别人下围棋，棋局乱了，王粲想替他们恢复原来的棋局。下棋的人不相信，于是用头巾盖住棋局，让他用另一副棋摆棋局，用来互相比较，结果一棋也没错，大家对此感到惊讶。他的记忆力之强竟达到了这种程度。

周恩来，只要与人见过一面，许多年后，还能认出并叫出名字。

对于喜欢看NBA的男生来说，杰里·卢卡斯这个名字太熟悉不过了，他号称是“NBA历史上最聪明的人”。小学时的卢卡斯就是个天生的跳级生，对于学校里学的东西，卢卡斯觉得相当无趣，“课堂里只要求背诵和重复，我根本就没有学会什么好的学习方法”。于是他自己开始尝试各种不同的学习方法，自己创造了思维游戏来帮助自己学习记忆。高中毕业后，他收到了150多个大学发来的邀请，最后他选择到俄亥俄州大学学习数学。ESPN的文章中这样评价他：“他有点像是从《雨人》中走出来的。如果有一桶牙签洒在地上，他能比任何人先算出地上有多少根牙签。”他的室友约翰·哈弗里切克在后来给人以睿智的印象，但在大学里，卢卡斯却经常捉弄他，卢卡斯说：“通常我20分钟做完的作业，他却要通宵，我常搞到他发疯。”卢卡斯的聪颖却没有让他沾染上沾沾自喜等坏毛病，这样的个性让他在赛场中成为最终的大赢家，他几乎获得过每一个级别的冠军。在NBA赛场，他“记忆大师”的名号更是享誉场内外，他几乎记住了每个对手的出手习惯。70年代初卢卡斯在一次电视直播中背下了整个曼哈顿地区电话簿前500页所有的电话号码。退役之后，他与人合著的记忆书籍发行量高达200万本。

达·芬奇在十几岁时到一寺院里游玩，目光被一幅壁画吸引住了。回到家中，他毫不费力地把看到的壁画默画了下来，物象比例和细节点缀宛如原作，连色彩明暗差别都再现得十分逼真。

被称作“音乐神童”的莫扎特，有一次在西斯汀教堂里，只听了一遍就把神秘不外传的大合唱（是相当复杂的变调音乐，包括4个声部的重唱和5个声部的合唱）默记在心了。

心香一瓣

◆一切知识，只不过是记忆。

——培根

◆记忆力并不是智慧，但没有记忆力还成什么智慧呢？

——哈柏

◆以愉快的心情学得的，会永远记着。

——马什

◆记忆是知识的唯一管库人。

——锡德尼

◆旧书不厌百回读，熟读深思子自知。

——苏轼

◆所谓预习，也就是在上课以前，要明白自己想学什么，想知道什么，然后带着问题去上课。这样一来，课堂学习就会充满活力，学习不再是别人的事，自己就会变成课堂的主人。

——日本学习方法研究会会长　石川勤

2. 考试时的“小聪明”

紧张的考试

甜甜虽只有13岁，却可以说是久经考场的老手了。甜甜的班主任最喜欢突击型的小测验，离下课还有五分钟，老师扔下一句：“下节课考试，你们好好准备！”这让甜甜对下课期盼的好心情一下跌到了谷底。“考试，考试……”旁边的小井自言自语，一副欲哭无泪的样子。再看看桃子，她快速拿出课本温习起来。“哎，死就死吧！”甜甜想。下课时间眨眼就过了，大家都安静地坐在座位上，等待着黑暗的考试。

老师抱着试卷快步走进来，迅速分发试卷。甜甜拿着卷子，先翻看了一下，感觉不是很难，便仔细做了起来。还剩一个大题，怎么想都想不出来怎么做。甜甜抬头四处张望，发现前面的张强正抓耳挠腮不知所措，甜甜心里暗自高兴，“哼，谁叫你平时不认真学习”；又看看旁边的桃子，正快速演算着，甜甜心里又有点着急了。深呼吸，深呼吸，镇静，慢慢想，一定可以的。一番自我暗示后，又重新提笔找思路。忽然，灵光一现，“加条辅助线啊”，哈哈，甜甜高兴得差点跳起来。有了思路后，只听“沙沙沙沙”的声音，做完这题，又把前面两道不确定的选择题又重新演算了一下下，却还是没能得到一个肯定的答案。“铃铃铃”，交卷时间到，甜甜交卷后马上记下那两道题，打算等会儿回家路上跟桃子讨论一下。又完成了一次考试，还有多少考试要去面对呢？甜甜抬头望着天空，发着呆。

想想看

考试的时候，你有不知所措，觉得自己明明已经复习好了，却不能在考试时好好发挥出来的经历么？考完后你是觉得自己没有学好还是没有考好呀？若是后者，你可能需要一些考试的小技巧，来帮助你更好地在考试中发挥出真实水平。

智慧锦囊

考试成绩的好坏其实是由很多因素决定的：一是对基础知识的掌握；二是考试时答题的技巧；三是考试时的心态。考试也是一门学问，好的答题技巧将有助于你发挥出正常水平，下面有几点关于考试时的小技巧：

1. 自我暗示，消除焦虑

进考场前，深呼吸，适当放松身心，坐在座位上，调整自己的坐姿，找到一个自己认为舒服的姿势。深呼吸时自我暗示，自己已经做了足够的准备，考试中的题目都能迎刃而解的。还可以有点阿Q精神，要是遇到难的题目，我做不出来，估计其他同学也没几个可以做出来，把会做的做对就成功了。

2. 不同考题采用不同关注点

每次考试中的题目有难有易，简单和中等难度的题目占了80%的比例，难题考能力的只占少部分。有同学考试时，一看简单，提笔就做，把什么审题、细致、检查等技巧全抛诸脑后，考后估分很高，拿到分数后，从大喜到大悲，一看，全是自认为简单的题丢分。这种低级错误的克服，要尽量做到：会的题保证不丢分，不会的题尽量得分。从小处得分，增加优势。

3. 整体熟悉，心中有数

拿到试卷，先整体浏览，看清楚一共有多少页，总题量有多少，分成了哪几部分。大概浏览后，可以稳定自己的心情，合理安排好做题时间，当然，平时也可以对自己不熟悉的题型多做练习。比如做选择题时因为不自信所以反复验证，平时练习时，可以针对自己这一点，多做练习，熟能生巧。对于后面的大题，肯定会出现自己不会做的，这是一种正常现象，一看到大题就紧张也与平时这种题目积累不够有关，所以，在考试时发现的问题，在课后一定要及时处理，以免影响下一次的考试。

4. 先易后难，先熟后生

考试的时间是有限的，在有限的时间内一定要保证自己会做的做好，不会做的尽量得分。所以，先做简单的、自己熟悉的，复杂的、困难的，可以放在后面来做。不要在一道题上过多纠缠，该放弃就放弃，不要因小失大。

5. 时间合理，稳中求快

时间的把握在考试中非常重要，这与平时做题的积累是分不开的。在考试时，一定要仔细审题，理解好题目后，再动手完成；书写速度要快，内容也要简明清晰，突出重点。

6. 仔细检查，分分必争

检查这一环节将有助于提高分数，但也有可能使你把对的答案改错，若发现明显的错误，应毫不犹豫地改正。而遇到自己拿不定的，自己思考后再下定论。面对大题，特别是在数学考试中，很多是一个大题分成了几个小题的，你要把会做的都写上，能拿两分是两分，千万不要放弃。

7. 字迹清晰，卷面整洁

在改卷过程中，老师总会对整齐的卷面“格外开恩”，试想你若是改卷老师，想必你也欣赏干净的试卷吧。所以呢，字迹清晰，卷面整洁，会使老师看着都感到愉悦。

了解考试时的小技巧虽然非常必要，但更重要的是要注意平时的日积月累，“巧妇难为无米之炊”，没有好的知识储备，再好的技巧也会派不上用场的。

知识百叶窗

古代科考趣味故事

第一则

从前有个和尚，每见读书人应试回来，或当状元，或中举人，或为秀才，都光彩得很，心中不免羡慕，决定也去试一试。

第一场考试是口试对联。主考官出上联曰：“孔圣人三千弟子下场去。”和尚答道：“如来佛五百罗汉上西天。”主考官又出一联道：“子曰，克己复礼。”

和尚想了想，回答说：“佛道，回头是岸。”考官一听，心头有点火，抓起惊堂木喝道：“旗鼓！”和尚用手做了一个敲的姿势，高声答道：“木鱼！”考官再也忍耐不住了，拂袖起身道：“岂有此理！岂有此理！”和尚以为考毕，连忙合掌道：“阿弥陀佛！阿弥陀佛！”考官看和尚还站在那里，转身大喝：“快滚！”和尚不得其解，以为还要对，忙说：“善哉！”

看来正应了古人的一句话，“三句话不离本行”。

第二则

前清时，为了体现对人才的重视，曾规定：童生考试，每县至少要录取三名。某县地处偏僻山区，教育文化非常落后，有一年全县报考的就只有三人。考试完毕，主考官把试卷收上来一看，不禁目瞪口呆，原来三人中一个抄了题目，只写了“且去”二字；另一个只抄了试题，什么也没写；第三个考生，干脆连考题也没抄。

主考官无可奈何，只好大笔一挥，把抄了题目并写了“且去”二字的那位考生，取为第一，并批道：“但观‘且去’二字，必定满腹经纶。”又把抄了试题那位，取为第二，批道：“誊写毫无差错，足见其才可造。”再把交了白卷那位，列为第三，批曰：“不轻易下笔，可见其行事慎重。”

第三则

清代乾隆年间，江西萍乡有位寒窗苦读的儒生叫刘凤诰，不到 20 岁已熟读四书五经，对唐诗宋词造诣颇深，背诵如流，因而县试、乡试、会试连连及第。然而，刘凤诰相貌丑陋，且只有一只眼睛。按照当时的规定，五官不全者是不能及第入仕的。事有凑巧，这次会试的主考官是一位爱才之辈，他硬着头皮禀告了皇上。乾隆帝为避以貌取人之讳，决定亲临保和殿。是日，乾隆帝高坐在御椅上，骄矜而笑，出上联令刘凤诰应对：“独眼不登龙虎榜。”这上联既含讥讽，又大泼冷水。才华横溢的刘凤诰挺胸昂首，接口便对：“半月依旧照乾坤！”乾隆帝见其有如此气魄，暗自惊叹，复又出句令对：“东启明，西长庚，南箕北斗，朕乃摘星汉！”刘凤诰不卑不亢，当即应答曰：“春牡丹，夏芍药，秋菊冬梅，臣是探花郎！”乾隆帝见他才思敏捷，且对仗工整，韵律和谐，不禁龙颜大悦，当即御笔一圈，钦点刘凤诰为殿试探花，登上金榜。

视野天下

不会考试的数学家

他是十九世纪最伟大的代数几何学家，但是他大学入学考试重考了

五次，每次失败的原因都是数学考不好。他大学几乎没能毕业，每次考不好都是因为数学那一科。他大学毕业后考不上任何研究所，因为考不好的科目还是数学。数学是他一生的至爱，但是数学考试是他一生的噩梦。不过这无法改变他的伟大：课本上“共轭矩阵”是他先提出来的；人类一千多年来解不出的“五次方程式的通解”，是他先解出来的；自然对数的“超越数性质”，他是全世界第一个证明出来的人。他的一生证明“一个不会考试的人，仍然能有杰出的人生”，并且更奇妙的是不会考试成为他一生的祝福。

埃尔米特数学并不是真的那么差劲。当时，他们当地的数学教学氛围死气沉沉，所以他从小就是个问题学生，上课时老爱找老师辩论，尤其是一些基本的问题。他尤其痛恨考试，因为他一旦考糟了，老师就用木条打他的脚，这也是他痛恨数学考试的原因之一。他在后来的文章中写道：“达到教育的目的是用头脑，又不是用脚，打脚有什么用？打脚可以使人头脑更聪明吗？”

埃尔米特又花了大量时间去看数学大师，如牛顿、高斯的原著，因为在他看来，只有在那里“数学的美是回到基本点的辩论，才能饮到数学兴奋的源头”。他在年老回顾少年的轻狂时，写道：“传统的数学教育，要学生按部就班地、一步一步地学习，训练学生把数学应用到工程或商业上，因此，不重视启发学生的开创性。但是数学有它本身抽象逻辑的美，例如在解决多次方方程式里，根的存在本身就是一种美感。数学存在的价值，不只是为了生活上的应用，也不应沦为供工程、商业应用的工具。数学的突破仍需要不断地去突破现有格局。”

◆人如果失去了诚实，也就失去了一切。

——黎里

◆人无忠信，不可立于世。

——程颐

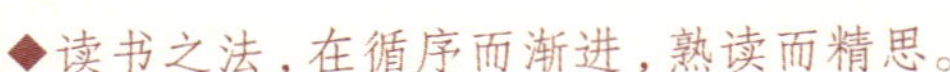

◆读书之法，在循序而渐进，熟读而精思。

——朱熹

◆在所阅读的书本中找出可以把自己引到深处的东西，把其他一切统统抛掉，就是抛掉使头脑负担过重和会把自己诱离要点的一切。

——爱因斯坦

◆书是唯一不死的东西。

——丘特

◆书到用时方恨少，事非经过不知难。

——陆游

3. “鸭梨”能变成“冻梨”么？

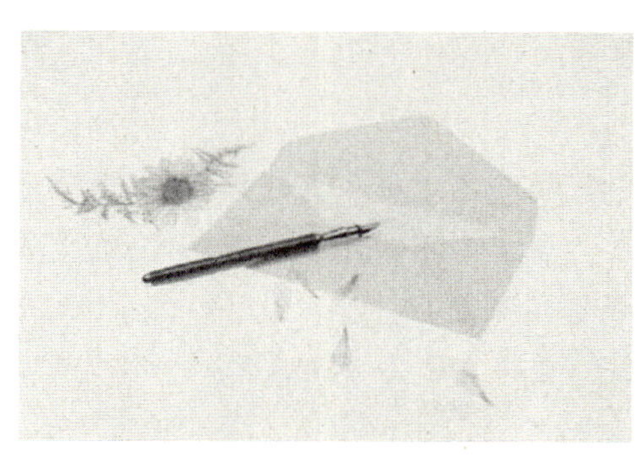

心灵点滴

给“压力”先生的信

“压力”先生：

你好！现在大家都不叫你压力，而叫你鸭梨先生了，我想是因为大家想去征服你，还说要把你放进冰箱里变成冷冻的梨子，然后就有了动力啦！虽然我才上六年级，但我已经感受到你的威力了。还记得上学期期末考试，大家都认为考出好成绩是我分内的事情，在老师、父母的期望下，你出现了，“好好考，考好点，不然多对不起关心你的人啊”，听到你的声音我毛骨悚然，不得不把玩耍的时间放在一边，安静地回到书桌旁看书，虽然都背得滚瓜烂熟，但我还是害怕考砸。而你，变本加厉，晚上睡觉时还在叮嘱我：“要考试啦，要仔细哦，不要掉以轻心哦！”在考试时，也不停地催促我。最终，我被你打败了，会做的题也做错了。

那次考试后，我一直在想你说过的话，我觉得要先让自己冷静下来，才能对抗你。于是每次你出现时，我都告诉自己不要惧怕你。慢慢地，我发现，你好像也不是那么恐怖了。“压力”先生，你说我这样努力，是不是能战胜你呢？我觉得我能做到，你说呢？

你的朋友：逸妍

想想看

要到考试时，你是不是也会觉得很紧张、焦虑不安呢？若是重大考试，可能心里更加不知所措。害怕考试，是因为害怕考不好，没有考好便会觉得丢脸，觉得自己的付出没有回报，觉得辜负了老师的期望，觉得自己怎么这么笨……你是怎么想的呢？

智慧锦囊

压力过大，会产生焦虑、忧郁、紧张等不良心态，使我们的能力得不到正常发挥，潜力也被隐藏起来。严重时可能会影响我们的睡眠质量、心理状态等。缓解压力的方法有很多，下面就为大家介绍一些。

1. 压力适度，良好应对

压力在我们的学习生活中是非常常见的，当你感到有压力时，不必过分紧张，很多事情都是欲速则不达，所以，稍微放慢你的脚步，让你的身体和心灵都得到一个好的放松机会。

2. 把握节奏，科学分析

考试前我们最容易焦虑，害怕考得不理想。若我们把这份心思稍微放下，在考前就给自己订好计划，什么时候该做什么，到考试时你已经完成了自己的计划，那就相信自己。每次考试都是练兵的好机会，可以查漏补缺，考差了也不是坏事，证明你已经发现了自己的问题，及时改正，就可以使自己变得更好。

3. 获取他人支持

将自己的烦恼苦闷写下来，或是告诉自己的朋友，获取他们的支持和鼓励，这将会使你变得积极起来。

4. 良好的生活习惯

当你学习烦了、累了，那么请你暂时放下手中的书，洗个热水澡，听听音乐，换上宽松的衣服，先让身体放松下来。晚上最好能在11点入睡，当你精神不好时，就算是坐在桌前效率也低下，还不如早早上床，给自己一个美好的梦乡。

5. 学会憧憬

当你累了的时候，给自己一片小天地，憧憬一下自己想要的生活，想象自己走在向往已久的学校里，闻着花香，听着鸟叫，阳光暖暖的……想象完后你有没发现自己嘴角上扬呢？

6. 体育运动不可缺少

压力出现时，让自己大汗淋漓一下，可以缓解你的焦虑。另外，若能每天坚持体育锻炼，你的身体和心灵都将在锻炼时得到彻底的放松。

知识百叶窗

压力和动力

当我们面对危险时，我们马上会有生理反应，荷尔蒙和肾上腺素增加，在每天都有压力的惯性之下，我们的身体也会有类似的反应。当我们处于“破坏性压力”时，我们的肌肉会紧绷，身体会感到紧张；“不开心的压力”会让你没有耐性，并且变得更加易怒；“冷漠的压力”会引起沮丧和疲惫。这种说法是认为我们身体内部出现了不平衡而产生的压力。

通常，我们都希望自己做得很好，不管在学习上还是生活上。刚开始我们接受自己的现状，接着我们便希望自己越做越好，我们对自己的期望越多，压力也就越大。

“压力太大”，让很多人头疼。可事实上不必太过悲观，据美国“心理中心网”最新报道，压力不仅不会让你沮丧、混乱，反而可能激发你更积极、“阳光”的思想。

发表在《心理科学最新动向》期刊上的一项研究，对参与试验者人为施加一定的压力，比如交给他们新任务、通知他们演讲等，随后分析其情绪反应、行为模式等。结果发现，当身处压力之中时，多数人会变得更加积极，把注意力集中到一些正面想法之上，比如“怎样着手这项任务”、“我一定会做好的”等，而忽略“我没有这个能力”、“如果失败了后果严重”等负面思想。

美国南加利福尼亚大学心理学博士玛拉·马瑟表示，过去人们通常认为压力会让人消极，这是一种误解。压力来临时，大脑中的“奖赏”机制会主动激活，从而促使人们做出积极反应。

视野天下

心理小测试：测测你的压力大吗？

请在每道题后标注适合自己实际情况的选项。

(1)我发现自己为很细微的事而烦恼。

不适用 偶尔适用 经常适用 最适用

(2)我似乎神经过敏。 不适用 偶尔适用 经常适用 最适用

(3)若受到阻碍，我会感到很不耐烦。

不适用 偶尔适用 经常适用 最适用

（4）我对事情往往作出过度反应。

不适用 偶尔适用 经常适用 最适用

（5）我发现自己很容易心烦意乱。

不适用 偶尔适用 经常适用 最适用

（6）我发现自己很容易受刺激。

不适用 偶尔适用 经常适用 最适用

（7）我感到长期处于高警觉的状态。

不适用 偶尔适用 经常适用 最适用

（8）我感到自己很易被触怒。 不适用 偶尔适用 经常适用 最适用

（9）我觉得自己消耗很多精神。

不适用 偶尔适用 经常适用 最适用

（10）我觉得很难让自己安静下来。

不适用 偶尔适用 经常适用 最适用

（11）受刺激后，我感到很难平心静气。

不适用 偶尔适用 经常适用 最适用

（12）我神经紧张。 不适用 偶尔适用 经常适用 最适用

（13）我感到很难放松。 不适用 偶尔适用 经常适用 最适用

（14）我感到忐忑不安。 不适用 偶尔适用 经常适用 最适用

（15）我很难忍受工作时受到阻碍。

不适用 偶尔适用 经常适用 最适用

选“不适用”计1分，“偶尔适用”计2分，“经常适用”计3分，“最适用”计4分。

15分：你没有压力。

16~30分：你有轻度压力，需调试自己的情绪了。

31~45分：你有中度压力，除自我调节外，还可以寻求心理咨询师的帮助。

46~60分：你已经处于重度压力之下，建议寻求心理咨询师或精神科医生的帮助，做心理咨询或者根据情况做治疗。

你知道吗，还有些食物也可以帮助你减压哦！

◆**水：**每天应喝足够的水，不要因缺水而使机体感到精神不振。

◆**香蕉：**香蕉中含的镁能化解紧张情绪，排解烦躁，保持平稳心态。

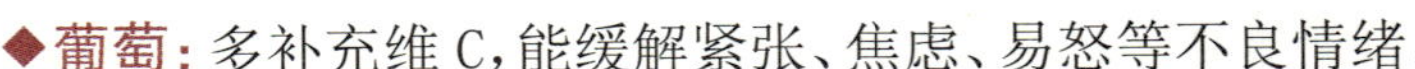

◆**葡萄**：多补充维C，能缓解紧张、焦虑、易怒等不良情绪。

◆**巧克力**：甜食具有使人镇定的作用。

◆**全麦面包**：全麦面包能保证色氨酸进入大脑，能助人产生愉悦的感觉。

◆**牛肉**：牛肉富含锌、铁以及维生素B，有助于稳定情绪，并且营养丰富。

◆**辣椒**：辣椒素能刺激神经末梢，使大脑释放内啡肽，容易引起愉快感。

◆**芦笋**：芦笋中有较高量的叶酸，可以帮助你稳定情绪，当处于压力状态时，摄入叶酸等元素，有利于保持心境平和。

◆**牛奶**：牛奶有较高的抗氧化成分和钙元素，有助于镇定、安神。

◆困境中留有生机。

——爱因斯坦

◆很多时候当人们处于精神压力下，他们不愿意去思考，其实那是他们最需要思考的时候。

——克林顿

◆压力——在事业成功的道路上，你是无知者颓丧的前奏，更是有志者奋进的序曲。

——佚名

◆压力就像一根小提琴琴弦，没有压力，就不会产生音乐。但是，如果琴弦绷得太紧，就会断掉。

——佚名

4. 不做只会学习的机器

心灵点滴

伴随着九月的到来，王辉正式成为了初中二年级的学生，因为优异的成绩，良好的品质，上学期王辉被评为了三好学生，更被同学们推选为学习委员，于是，他暗下决心，初二一定全心全意地学习，不浪费一分一秒，这样才能不辜负老师和同学的期望。课间，他不是在座位上演算题目，就是在和同学、老师探讨问题；放学后，他总是最晚一个回家，在教室里疯狂做题；周末或假期，他也决不过与学习无关的生活，不是在上辅导班，就是在图书馆埋头做题。他没玩过劲舞，qq号申请了只上过几次，更不知道同学们每天讨论的热门电视剧《宫》讲的是什么。“王辉，你粉我吧！”一天一位同学对王辉说。“啊？你说的是什么？”王辉头脑里一百个疑问，完全不明白同学说的什么。班级组织春游，因为是班干部的缘故，必须参加并帮助老师管理同学们。出去玩耍，每个同学都兴高采烈的，只有王辉，上车便捧着一本书看；同学们四处参观，他好像都提不起精神，干脆一屁股坐在大门口看书，他自己都掉队，更别说组织同学们参观了。

除了学习，王辉什么都不懂，他觉得休息、逛街都是浪费时间的表现。那次春游以后，老师也觉得王辉的生活中除了学习似乎什么都没有。爸爸妈妈有时叫王辉去亲戚家放松一下，也被他推托。期末时，王辉的成绩保持第一，却带上了厚重的眼镜，而他自己也意识到，好像跟同学们，跟周围的生活脱了节，心里觉得特别累。

想想看

在你们眼中，王辉这样的同学是好学生么？你们有没有不停学习，不知疲倦，不能合理安排自己休息时间的时候呢？抑或是休息时，要么蒙头大睡到中午；要么打开电视机，左看看右看看，不管看没看过的电视剧都会被吸引；要么在电脑上打游戏到不知天黑天亮……你们有这样的经历么？

智慧锦囊

我们每天除了上课时间，还有许多闲暇的时间，为了能使我们有充足的睡眠、良好的休息时间，安排好闲暇时间是非常必要的。这样既能高效地利用好时间，也可以在适当的时候让自己身心放松，以便能够更好地投入下一阶段的学习与生活。

1. 给时间分段

制订计划时有两个线索。一个是时间。列出本周课余可自行支配的时间，每天都分出几个时间段，写上每个时间段学什么，时间长的时间段学自己目前觉得薄弱的功课。这里面还可以使用些小技巧，例如，每天晚上九点半之后我就开始犯困，所以在九点半至睡觉的那个时间段里，我一般都安排复习数学（因为数学题比较能刺激我的大脑神经），而绝对不背历史、政治。另一个是课程，即列出各个课程需要学习的东西，分配到相应的时间段中去。

◆**早上起床后最清醒，可以用来背单词。**吃饭时，播放英语课文听力，可能有人会说，我的注意力不在那儿，听了也记不住啊。不要紧，注意分配的双加工理论认为，人类的认知加工有两类：自动化加工和受意识控制的加工。自动化加工不受认知资源的限制，不需要注意的参与；受意识控制的加工受资源的限制，需要注意的参与，并且在经过大量的练习后，可能转变为自动加工。你所听的英语可能在头脑中不断重复，最后达到自动化加工的水平，所以你可能不知道为何，但在遇到这篇课文的题目时你能自动得出答案。

◆**晚饭后，可以用来回顾整理全天学过的东西，下午6点至8点，也是用脑的最佳时刻，不少人利用这段时间来回顾、复习全天学过的东西，加深印象，分门别类地归纳整理，同时，这也是整理笔记的黄金时机。**

◆**入睡前一小时也是学习高效期之一。**利用这段时间来加深印象，特别是对一些难以记忆的东西加以复习，则不易遗忘。

2. 利用琐碎时间

等车时间，发呆时间甚至和同学聊天时都可以将手里的错题小本、单词小本看上几遍。重复，是击败遗忘的制胜绝招。艾宾浩斯的遗忘曲线发现，遗忘的规律是先快后慢，即最初遗忘得很快，以后逐渐减缓。所以，不停重复才能使知识在头脑中保持得更加牢固。

3. 分重要性

我们每天都有这样那样的事情要做，现阶段学习是第一位的。其实每天的作业我们也可以按照重要性来划分，一步一步地完成。这里所说的重要性是指你觉得哪一科是需要你最先完成的，比如，地理今天教的计算时区的方法，我弄得不是很懂，为了防止遗忘，我可以先进行复习，而把我擅长的英语稍微挪后一点完成。

4. 一心一意

学习时把可能对你产生干扰的东西收拾好，例如，不要打开电脑，一心一意地在规定时间内做完功课，便放松休息。你可以采用20分钟为一个时间段，20 分钟内，专心致志地做事情，20 分钟后好好休息，如此循环。

合理地安排好自己的时间，还应该懂得怎么休息，什么样的休息才是有效的。良好的休息不仅可以使自己的精力得到恢复，还可以在休息时丰富自己的视野，学习到更多平时在学校里学习不到的东西，你准备好让自己开开眼界了么？

（1）关注新闻

也许你现在只喜欢看那些花边新闻，而很少关注国际时事、社会见闻，那么，请你尝试着看看这些，生活离不开这些新闻，了解一些可以让你从多方面思考问题，眼界更宽。

（2）看书，而不要总把闲暇时间放在游戏上

书是人类进步的阶梯，书中自有黄金屋，书中自有颜如玉。要想让自己变得更加有智慧，请多看对自己有益的书。用一个宁静的下午看一本自己喜爱的书，那些文字将温暖你。

（3）关掉电视机，走出房门

去一些自己熟悉的城市中自己尚未去过的地方，也许你会有新的发现：也许是枯树上的新花，也许是新开的一家小店，或是让人忍俊不禁的地名……那些你从未见过的美好，你愿意错过么？

（4）去旅行

旅行不仅仅是为了合影：去仔细地欣赏那里的自然风光、人文风俗；或者阳光明媚之时放放风筝，找寻童年的回忆。

（5）学习自己喜欢的一门技艺

绘画、摄影、舞蹈、武术……刚开始可能会很艰难，也可能你会觉得时间不够而想要放弃它，但若你真正喜欢上你所学习的，你会发现，这段时间是你一周中最美妙的时间，你仿佛畅游在另一个世界，面对最真实的自己。

（6）多与人交流

交流中你能了解到你不知道的信息。很多人觉得我们和自己的父母、爷爷奶奶有代沟，不愿与他们过多交流。你确定你是真正地静下心来听他们说话了么，你是真正想了解他们的过去、他们的想法么？若没有，尝试一下，也许你会有很大的发现。

大脑的秘密

为什么我们需要良好的休息呢？这里要告诉你一些有关大脑的秘密。在记忆产生过程中，有识记、保持、回忆读取、遗忘这几个过程。当我们接触到一个新的信息时，先要经过识记过程来学习和获取它；然后就会有规律地读取它，以达到储存信息的目的，这就是保持的过程；回忆读取就是提取和整理信息的过程；遗忘就是记忆信息的丢失或是因信息间的竞争而导致读取失败，这也是人的记忆不可或缺的一个部分。

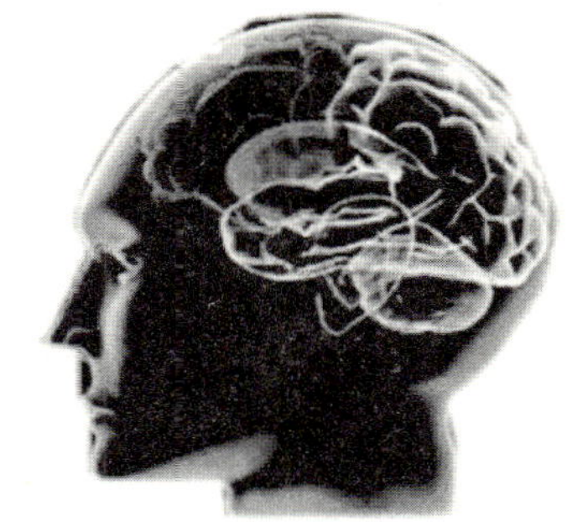

那么我们要想取得好的成绩必须要有好的记忆，而我们的大脑集中精力最多只有 25 分钟，所以当我们学习了 20~30 分钟后，好好休息，利用这个时间吃点水果或是让身体舒展一下，而后再回来学习，效果会更好。我们的大脑需要休息，休息就如润滑油，可以使大脑学得更快，记得也更牢。并且，大脑和身体有它们各自的节奏周期，一天之中，有几个时间段大脑思维是最敏捷的，那么在这个时间段进行有效学习，将达到事半功倍的效果。

大脑也需要运动。加利福尼亚大学的罗兹维格和他的同事们历时十余年，力图揭示经验对大脑的影响。罗兹维格选取 12 组老鼠，从中抽取同一胎中的 3 只，随机分配到 3 种不同的实验条件中。一只老鼠仍旧与其他同伴待在实验室的笼子里，另一只被分派到被罗兹维格称为“丰富环境”的笼子里，第三只被派到“贫乏环境”的笼子里。标准的实验室笼子里，有几只老鼠生活在足够大的空间里，笼子里总有适量的水和食物。而“贫乏环境”略小些，老鼠被放在单独隔离的空间，也有水和食物。

“丰富环境”几乎是一个老鼠乐园，那是一个有各种可供他们玩耍的物品的大笼子。4~8 周后，通过对老鼠大脑的解剖发现，“丰富环境”中的老鼠其大脑皮层更重更厚，皮层是负责行动、记忆、学和所有感觉的输入。这意味着，“丰富环境”长大的老鼠，脑部更加灵活。所以，我们大脑也需要多运动，需要接触多的、新鲜的事物，不然就会老化生锈了。

大脑呢，还需要氧气，所以，关上房门只顾学习，大脑容易缺氧，经常到户外走走，锻炼身体能获得充足的氧气。像王辉这样的同学，给自己的压力过大，可能时间长了以后，他的学习成绩也会慢慢下降。因为压力会影响我们的记忆：当你感受到压力时，体内产生的皮质醇会杀死海马状突起里的脑细胞，而这种大脑侧面脑室壁上的隆起物在处理长时和短时记忆上起了主要作用，压力过大，遗忘也就加快了。

另外，还要告诉大家一个关于动机的耶克斯·多德森定律。动机的最佳水平随任务性质的不同而不同。在比较容易的任务中，工作效率随动机的提高而上升；随着任务难度的增加，动机最佳水平有逐渐下降的趋势。也就是说，在难度较大的任务中，较低的动机水平有利于任务的完成。这就是著名的耶克斯·多德森定律。动机强度与工作效率之间的关系不是一种线性关系，而是倒 U 形曲线。中等强度的动机最有利于任务的完成。所以，任务太困难时，你的动机不要太强，放松心情，以平和心去面对，将更有助于你解决问题哦！

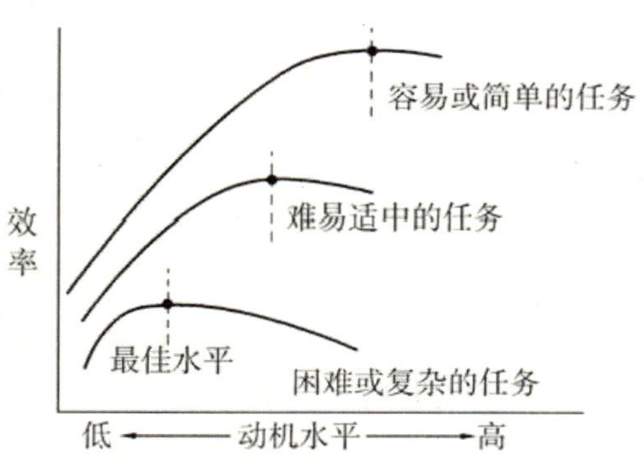

动机不足或过分强烈，都会使工作效率下降。所以完成不同类型的活动时，最佳的动机水平是非常必要的。若一味地学习，过强的动机，可能会适得其反哦。所以，调整好心态，安排好时间，会休息，才是明智之举。

慈善大王

除了学习和工作，你还会把你的精力投入哪一领域呢？他告诉了我们答案。

一谈到他，人们最先想到的或许是他闻名遐迩的“太空步”、他越来越白的皮肤、他带着游乐场的豪华梦幻庄园，还有整容、恋童癖、吸毒等等。而他一生创造了无数的销量奇迹、乐坛神话，2009 年 6 月 26 日，他离去了，留下世人的恸哭和惋惜。褪去巨星的光环，留给人们的是他数年来遍布全球的慈善足迹。他保持着 2006 年吉尼斯世界个人慈善纪录：他一人支持了 39 个慈善救助基金会，是全世界以个人名义捐助慈善事业最多的人。他谱写过多首慈善歌曲，坚持每去一个地方就去医院、孤儿院探望，还收养了多个孩子，给他们带去最好的生活和教育。尽管有些同时带给他麻烦，他的爱心还是一如往昔。他一生之中为慈善事业付出了太多太多，这让那些把“慈善”二字常挂嘴边当做宣传的人望尘莫及。不知道世界上有多少孩子因他而受益，不知道有多少病人因他而重获了战胜病魔的希望和勇气，不知道有多少家庭因他而摆脱了困境，更不知道有多少人因他而美梦成真！直至 2006 年，他的个人累计捐款达三亿美元。他关注的问题也非常广泛，包括：儿童问题、医疗保健、社会问题、种族问题、动物研究、拯救地球六大方面。

迈克尔·杰克逊曾说：“耶稣说过要爱孩子们，并且像孩子那样年轻、天真，如孩子般纯洁、正直。耶稣总是被孩子环绕，我孩童时代也是这样成长起来的。我秉持这样的信仰，并那样行事，模仿（耶稣）那样的行为。”

吉尼斯世界纪录的主编克雷格在获知杰克逊去世后，表示："我非常自豪能够结识迈克尔这样一位朋友。虽然，这样一个温柔、善良、害羞的人如今已不在了。在2006年他第七次访问吉尼斯世界纪录总部的时候，他花了几个小时的时间与每个有需要的人合影留念，他的谦和感动了我们在场的每一个人。我很荣幸有机会能够将这样一个才华横溢的人载入吉尼斯世界纪录中。他留下的令人难以置信的音乐遗产和赞助的慈善机构，是其他艺人不能比拟的。"

工作之余，杰克逊把大部分时间和精力都用在了慈善事业上，他用自己的行动给予了需要帮助的人们更多的关爱。他的生命更加有意义，而他的善举也使别人的生活有了改善。

心香一瓣

◆时间是最为宝贵的资源，如果我们不能管理时间，便什么都不能管理。

——彼得杜拉克

◆谁不会休息，谁就不会工作。

——列　宁

◆好奇的目光常常可以看到比他所希望看到的更多的东西。

——莱　辛

◆一个深广的心灵总是把兴趣的领域推广到无数事物上去。

——黑格尔

◆世界上只有一种英雄主义：看到世界的本来面目并且热爱它。

——罗曼·罗兰

第四篇 我是人际高手

朋友有很多种，就好像一棵树，每一片叶子都是一个朋友。时光流逝，夏去秋来，一些叶子会离我们而去，一些叶子会在另一个夏天出现，还有一些叶子会陪伴我们许多季节。但最让我们感到幸福的是，那些虽已凋零、却不曾远去的叶子，他们依然在用欢乐滋养我们的根系，那是他们与我们相遇时留下的美好回忆。我们生命中的每一位过客都是独一无二的。他们会留下自己的一些印记，也会带走我们的部分气息。我需要你，我生命之树的叶子，就像需要和平、爱与健康一样，无论现在还是永远。同样有人会带走很多，也有人什么也不留下。这恰好证明了，两个灵魂不会偶然相遇。

——豪尔赫·路易斯·博尔赫斯

1. 改变，我要成为人缘范儿

碌碌无为的“天才”

朱民书，20世纪50年代的大学生，在当时，大学生被大家认为是“天之骄子”，备受大家的关注和赞扬。朱民书在大学毕业后，被分配到了一家电器厂工作。在工作中，他自认为自己是大学生，高高在上，好为人师，经常与领导顶撞，也不把同事放在眼里，周围人都不喜欢他。他在这家工厂待了不到一年，就在舆论的要求下被调走了。到了新工厂，他仍我行我素，喜欢在德高望重的师傅面前展现自己，证明自己有多厉害，把自己当做是骨干分子，“积极”指导工人们做这儿做那儿。上级的安排他也不服从，仗势着自己的学历和一点小聪明，偷懒、消极怠工。

不到半年，他又被“请”走了，就这样，在每个工厂待的时间都不超过一年。他却完全意识不到自己为何做不长久，仍然毛病依旧。到后来，好像是“过街老鼠，人人喊打”。厂里只有借各种名义让他待业在家，尽管他恳求多次也无果。

朱民书按当时来说，算是人们眼中的优秀人才，这种优秀人才，却不能很好地与人相处，反而处处伤害人，就算有知识有技术也无济于事。处事能力是一把双刃剑，会用便会锦上添花，不会用只会伤到自己。同学们，你们的处事能力如何呢？

智慧锦囊

人与人之间，有缘才会相聚。用心做一个受人欢迎、受人尊敬的人。有了好的人缘，便能发展出好的关系，好的关系会有助于你在今后的道路上越走越顺。读万卷书不如行万里路，行万里路不如阅人无数，阅人无数不如有仙人指路。关键时刻有人肯帮你一把是多么的幸运呀！

广结人缘首先从提升自己做起

(1)注意自己的容貌。美好的事物是每个人都欣赏的，良好的仪容仪表会给人干净、清爽、舒适之感。有心理学家做过实验，让打扮似乞丐的人和一位美丽的女孩儿同时在路上搭车，结果几乎没有人愿意停车搭载乞丐，而女孩却受到了几辆车的欢迎。可见，有时单从外貌上就决定了你受欢迎的程度。

(2)见多识广，提升智慧。有智慧的人不会显得轻浮，也不会让人觉得你没文化。大方得体的谈吐，若再加上自己独到的见解，有时甚至会让人对你刮目相看。显而易见，有修养又谦逊的人到哪里都能得到尊重和喜爱。

(3)不在背后说三道四。喜欢打听别人隐私、背后议论别人的人，会被认为是不可靠之人。假如有一天你的无心话语被多嘴的人传到别人的耳朵里，那么你就成为了是非之源，无论你当时说那些话，是有意还是无意，别人都不会喜欢你了。在朋友面前说缺点，而在背后多夸夸他，这才是真正的朋友，而那些赞美他的话别担心传不到他的耳朵里。

(4) 不过分炫耀自己，不夸夸其谈。山外有山，人外有人，就算在班里你是某方面的优秀人才，也不能代表你在年级、在学校里是最优秀的。谦虚的人会得到更多人的尊敬，也会在需要帮助时，得到别人真心的帮助。

(5) 学会保密，多为别人着想。保护好你和朋友间的秘密，朋友信任你才会告诉你，而你若将它公布天下，你不仅失信于朋友，也会给他造成伤害。当你做某件事时，若可以多站在别人的角度上想想，而不只是图自己的方便和快乐，你会变得更加可信。

(6) 真诚待人。不矫揉造作，真实地展现自己，在同学面前做个真实的自己。交友就像镜子：你如何待人，镜子里的人，也就是你的朋友便会怎样待你。

其次应该多多留心你身边的人

(1) 给朋友一个惊喜。当别人给你一个惊喜时，你是不是会觉得欣喜万分，甚至感动得热泪盈眶呢？给别人制造惊喜，你付出的心意，别人接受时会十分珍惜。

(2) 多赞美别人。小小的闪光点，也许自己都没有在意，但若得到朋友的赞扬，那受到肯定的一方一定会感到十分兴奋。称赞别人的小优点有时会比夸奖他人尽皆知的优点要更有效果。

(3) 关注别人的小变化。你今天带了个小发夹，虽然小，却是你昨天挑选了好久的。“呀，你的发夹可真美呀”，这时你嘴角上扬，打心底里高兴。可以看出，你的朋友一直在关注着你，连你的小饰物都看出来了。没人会拒绝别人的关心，你由衷的赞叹，会拉近你和朋友的距离。你们之间不用过多地强调便能留心到对方的变化，你们的感情定是非常融洽的。

(4) 留意那些“不经意”。别人不经意的话语，不经意对某个东西表现出喜爱，若你也恰好记住了，并在恰当时候表达出你的记得，惊异的眼神还有热烈的拥抱会向你投来，温暖围绕着你们。当受到对方的重视和尊重时，心里就会开出一朵花。

我们的好朋友一定是与我们情投意合的，就算没有相似的爱好，也一定是有话题，在一起便是无所不谈的。有时我们也会遇上“过路”朋友，虽然你们的交集不深，但请记住，多个朋友路好走，不要去破坏这份友谊，即使你再不喜欢他，也要表现出应有的尊重，因为关键时刻，能帮你的，说不定就是他。

知识百叶窗

人际交往中的心理学效应

光环效应

光环效应又叫晕轮效应，主要是说：如果你觉得某个人某个方面好，那么就自然地认为他的其他方面都很好；若他某方面差，便也觉得他的一切都挺糟。班上成绩优秀的同学，你是不是也觉得他其他方面也不错呢？他担任班干部，他爱好广泛。而成绩比较糟的同学，你是否也觉得他什么都一般呢？当然，这里面是有些关联的，但晕轮效应是要提醒我们，我们这种主观去认识别人的方式有时可能会有所不妥，不能因为一个人某个方面的表现而轻易地对他作出评价，应通过多接触的方式来全方位地评价他。

投射效应

投射效应是指我们在人际交往中，我们形成对别人的印象时，也会假设他与自己有相同的倾向。如果我们不喜欢某人，我们会觉得他也不喜欢自己；我们对谁有意见，便会觉得他也对自己怀有敌意，似乎做什么事情都在针对自己。单从主观想象便去评论别人会引起很多的误会，也会让自己变得小心翼翼、郁郁寡欢。我们可以尝试着换个角度看问题，扩大自己的胸襟，即使有误解也不希望在猜测中使这个问题复杂化吧？我们要尽量克服以自我为中心去猜想别人的行为，而自私、欺骗、狡猾等不良的品性也要消除掉，这样才能更好地与人交往。

刻板印象

刻板印象，是在社会交往中的一种心理现象，是指人们对某一群体保持固定不变的认知和比较概括笼统的评价。如大家都认为东北人豪爽，四川人精明，广东人有生意头脑等等。当我们对某一群体有了消极的印象后，可能进而会对这个群体产生偏见，甚至是种族歧视。白人对黑人的种族歧视便是由刻板印象引起的，是认识他人时产生的偏差造成的。所以，若我们想真正去了解一个人，去探究一个群体，不能只是道听途说或是凭印象下结论，而应该与他们交往，深入其中才能有更多的感悟。

首因效应

首因即为第一印象，人们初次见面时对你形成的印象，是比较牢固和鲜明的，并对你们以后的交往产生影响。这种先入为主的方式可能使人产生对第一次见面的人的误解，应当尽量避免。比如第一印象你可能认为他是个腼腆的人，接触久了后，才发现原来他的语言表达能力很好，只是在陌生人面前不善言辞罢了。这就是你跟别人有了沟通和交流后的印象。从中我们可以看到第一印象的重要性，这也提示我们，在与人第一次见面时，要尽量留下好印象，注意我们的穿着和谈吐，好的印象会利于我们的朋友关系进一步发展；同时呢，我们也要注意，不要被第一印象迷惑，毕竟，真正的朋友是需要长久相处的。

为了验证首因效应的存在，洛钦斯杜撰了两段故事做实验材料。

故事一

詹姆走出家门去买文具，他和他的两个朋友一起走在洒满阳光的马路上，他们一边走一边晒太阳。詹姆走进一家文具店，店里挤满了人，他一边等待着店员对他的注意，一边和一个熟人聊天。他买好文具向外走时遇到了熟人,就停下来和朋友打招呼。

故事二

放学后,詹姆独自离开教室走出了校门,他走在回家的路上,路上阳光非常耀眼。詹姆走在马路阴凉的一边,他看见路上迎面而来的是前天晚上遇到过的女孩。詹姆穿过马路进了一家饮食店,店里挤满了学生,他注意到那儿有几张熟悉的面孔,詹姆安静地等待着,直到引起服务员的注意之后才买了饮料。

洛钦斯把这两段故事进行了排列组合:一种是将描写詹姆性格热情外向的材料放在前面,描写性格内向的材料放在后面;一种是描写詹姆性格冷淡内向的材料放在前面,描写他性格外向的材料放在后面;一种是只出示那段描写热情外向的詹姆的故事;一种是只出示那段描写冷淡内向的詹姆的故事。

洛钦斯将组合不同的材料,分别让水平相当的中学生阅读,并让他们对詹姆的性格进行评价。结果,第一组被试者中 78% 的人认为詹姆是比较热情而外向的人;第二组被试者中只有 18% 的人认为詹姆是个外向的人;第三组被试者中 95% 的人认为詹姆是外向的人;第四组只有 3% 的人认为詹姆是外向的人。

实验证明了第一印象对认知的影响。凭借第一印象做出推断是有一定道理的,它是日常生活经验的结晶。但是,仅凭第一印象就妄自判断,往往会犯下不可弥补的错误。所以,一方面,我们有必要通过提高自身修养来装饰自己的形象,为将来的成功奠定基础;另一方面,我们不能"以貌取人",让第一印象左右了我们的判断。

胡适的好人缘

在民国知名学者中,若论人缘之好,交游之广,影响之大,胡适当推第一人。胡适 26 岁就作了北大教授,又是《新青年》杂志的主力,一时名满天下。胡适逢人交往,没有架子,成为炙手可热的交友对象,以至每个人都以认识胡适为荣。“我的朋友胡适之”曾经是许多人的口头禅,据唐德刚《胡适杂忆》称,此语出处无考,但适之先生颇为得意。此话凸显的,并非胡适的学问或贡献,而是他的性情与声望以及他的好人缘。

胡适在朋友中向来以乐于助人著称。他对林语堂的帮助已经成为文坛佳话。1920 年,林语堂获得官费在哈佛大学留学,当时胡适是北大文学院院长,林语堂答应胡适,回国后到北大教书。不料到了美国,官费没有按时汇来,林语堂万般无奈中给胡适拍电报,请他代向北大校方申请预支 2000 美元。过了不久,钱竟然寄来了,使林语堂得以顺利完成学业。林语堂学成回国,如约到北大任教,去向校长蒋梦麟归还 2000 美元的借款时,蒋校长问道:“什么 2000 块?”原来解救了林语堂困苦的是胡适。那笔在当时近乎天文数字的钱,是胡适从自己腰包里掏的。可胡适从未向林语堂提起过这件事,这就是胡适一贯的典型作风。

胡适是一位有高目光和宽广胸怀的人。他在上海时,“左翼”作家在鲁迅领导之下,曾向他“围剿”多次。鲁迅逝世后,许广平为《鲁迅全集》的出版四处奔走,却无人愿意帮忙,不得已求助于胡适,胡适马上着手运作,促成了鲁迅文学和思想的传播。像这样不计恩怨得失,不管是友人,还是曾经反对过自己的人,都能尽全力帮助,中国之大,又能有几人?

胡适的朋友遍及海内外,上至总统,下至小贩走卒,都是胡适的朋友。胡适在纽约常带唐德刚去吃小馆子,唐看到厨师从厨房跑出来,油腻腻的两手在围裙上随便擦过之后,便来和胡适握手,谈笑风生,如遇老友。一次吃完饭,唐从洗手间出来便不见了胡适,他到马路旁的店铺乱找一气,最后却发现胡适正在厨房内和工友们聊得不亦乐乎。

胡适极重友情,他曾作白话诗道:“此身非我有,一半属父母,一半属朋友。”八十多岁的季羡林到台湾访问,在大会上听到主席李亦园讲话,说胡适晚年在中研院,下午饮茶时,经常同年轻的研究员坐在一起聊天。一次,胡适说:“做学问,应该像北京大学的季羡林那样。”季羡林听罢,百感交集,他想到胡适晚年还在关心着他的研究,知己之感,油然而生。

心香一瓣

◆一死一生，乃知交情。一贫一富，乃知交态。一贵一贱，交情乃见。

——《史记》

◆君子与君子以同道为朋，小人与小人以同利为朋。

——欧阳修

◆真挚的友谊犹如健康，不到失去时无法体味其珍贵。

——培　根

2. 拥抱，我的挚友

北郭先生交友记

北郭先生自幼饱读诗书，自恃满腹经沦、陆海潘江。只可惜屡试不第，年近六旬，还是一介平民。虽是平民，但此公自命清高，张口之乎者也，闭口仁义道德，一般人他瞧不起。

一日，北郭先生的邻居李员外的老母过80大寿，前来贺寿的人摩肩接踵、络绎不绝。北郭先生好生奇怪：就你一个大字不识的破财主，凭什么有这么多人捧场？细问之，才知道大都是各个道上的朋友。老先生暗自思忖，我何不结交些有身份的朋友？有朝一日碰个红白喜事，众人都来捧场岂不体面？他决定有选择性地交一些朋友。

听人说江南的李公子行侠仗义，为朋友两肋插刀，便去结交。二人你来我往相处两个月后，北郭先生便发现此人贪恋女色，家庭观念不强，便借故告辞了。人传陕西武大官人为人正直豪爽、深明大义，远近百姓对此人崇敬之至，便前去交往。相处三月余，发现此人粗鲁没文化，动辄满口污言秽语，一气之下，不辞而别。一日，听说登州府韩壮士孝敬父母，远近称道，略带细软前去拜访。交往四个月后发现这韩壮士虽是孝顺，却心胸狭窄，好占别人的便宜，远不是知心朋友的最佳人选，便托辞老母病重，择日而返了。又一日听说雁门关的呼延将军武功盖世、神鬼难挡，按捺不住，不顾妻儿的劝阻，连夜直奔雁门关。见面后，二人推杯换盏，甚是投缘。不出十日，老先生发现呼延将军为人严厉，遇到自己有错的时候，劈头盖脸，开口便骂，几次弄得自己下不来台，于是愤愤而归。

回来的路上，北郭先生甚是不悦：我怎么就交不到一个十全十美的好朋友呢？行走之间，见路旁的凉亭下有四位长老在饮酒对句，便凑上前去想一诉苦衷。长者并没理会他，只听一位长者举杯说：“人无完人，金无足赤。”另一位长者马上站起对道：“人非圣贤，孰能无过？”只见第三位长老慢吞吞地说道：“尺有所长，丈有所短。”这时，最后一位老者说：“水至清则无鱼，人至察则无徒。”北郭先生听得目瞪口呆，仔细看时，四位长老已踪影皆无。

想想看

世界上有十全十美的人么？答案当然是否定的。每个人都有不足之处，我们所交的朋友也不例外，这种不足可能是外貌上的，也可能是性格上的，还可能是某项运动上的……但请注意，品质有缺陷的人是万万不能交其为朋友的。“近朱者赤，近墨者黑”，多跟品行高尚的人为友，你也会进步得很快。同学们，你的朋友是十全十美的么？

智慧锦囊

我们所交的朋友，有“道义相抵，过失相规”的“畏友”，有“缓急可共，生死可托”的“密友”，也有“甘言如贻，游戏征逐”的“昵友”，甚至有“利则相攘，患则相倾”的“贼友”。有欧阳修赞扬的“同道”，也有他深恶痛绝的“同利”。鲁迅先生也说过：骗子有屏风，屠夫有帮手，在他们之间，也可以叫“朋友”。换言之，朋友形形色色，真真假假，鱼龙混杂。

“良禽择木而栖，我择仁者而交”。常言道：物以类聚，人以群分。虽然人与人之间的关系很复杂，但人们还是愿意与自己志向一致的人交朋友。“非我而当者，吾师也；是我而当者，吾友也；谄谀我者，吾贼也。”古语明确地告诉了我们，择友的标准是其品质为人们所认可和信服。而我们所指的好朋友不是在你阳光灿烂的时候陪着你，而是在你洋洋得意时给你提醒，在你走麦城时给你鼓励。所以，我们择友时应有原则性，所交之人应是能顾全大局，能受委屈，见多识广，终身受益，志趣相投，互相体恤，互助互补，共同进步的人。诚然，我们都不是完美的，都会有这样那样的小缺点，但我们应找品行端正的心灵之友，就算是泛泛而交的朋友也应是贤能的人，而面对重利益、低趣味、自高自大的损友，我们应勇敢地对他们表示拒绝，与无德之人、无术之人、无耻之人、无义之人做朋友最终会害了自己、害了家人、害了社会。

早在两千五百年前，佛就教导该如何选择朋友，时至今日一样受用。佛曰："友有四品，不可不知。有友如花。有友如称。有友如山。有友如地。"

何谓如花？好时插头，萎时捐之，见富贵附，贫贱则弃，是花友也。比喻人类中有一类小人，见到富且贵的人，就拿出奴颜婢膝的态度来，依附那个富贵的幸运儿；至于一般贫穷而下贱的朋友，那就弃置之，不值一顾。

何谓如称？物重头低，物轻则仰，有与则敬，无与则慢，是称友也。比喻一个势利小人，看到有财势的人，则不惜奴颜婢膝来讨好；看到一个贫贱的人，他就趾高气扬，神气十足地把人家看得一文不值。

何谓如山？譬如金山，鸟兽集之，毛羽蒙光，贵能荣人，富乐同欢，是山友也。比喻人正在地位高贵的时候，他的力量，足可使他人同享那纸醉金迷的欢乐，但一旦地位和财富失去，因其而荣华富贵的朋友也就各寻门路去了。

何谓如地？百谷财宝，一切仰之，施给养护，恩厚不薄，是地友也。比喻一类朋友如地，大地对于人类的施给、养护的恩，真是很多。我们看油盐柴米，哪一项不是出生于地？好的朋友，也如地一样，他能养活人，他能栽培人，他更能如虚空的度量般包容人，这一类朋友，有如大地，真是难得。

四友中你该选择哪类人做朋友呢？答案不言自明。

人际交往的阶段

我们和一个陌生人从相识到相知，再到最终成为好朋友，是一个由浅入深的阶段性的过程。这些过程也不完全是截然分开的，有时可以是有交互的。

第一，注意阶段。这个阶段，由开始的不认识，到我们感觉想去了解某个人。这种选择本身就可以反映出我们的爱好、兴趣特征以及我们的个性是怎样的。只有当对方的某些特质能吸引自己时才会引起我们的注意，从而把对方纳入自己交往的对象范围。但我们要知道，这一阶段，大家都希望可以给对方留下一个好印象，表现出来的都是较好的一面。所以，要想确定这个人是否适合做朋友，还不能那么快做出判断。

第二，相互接触阶段。从开始注意到这个朋友，到与他有简单的交流，我们开始了对对方试探性地接触，比如：打招呼，聊学习等等。我们通过交流可以看出我们的爱好、个性等方面是否相同。这个阶段，大家在一起能友好相处，相互间的感情也是比较淡的。若发现这个人好像不是你想要的朋友，那么你们之间的关系就只是泛泛之交。而只有那些你觉得适合进一步交往的人，你们之间的关系才会进入到第三阶段。

第三，情感加强阶段。这是你和你的朋友进一步了解的阶段，你们会一起看书，一起学习，一起放学上学，一起吃饭等等。你们开始相互坦白，你们的谈话中可能会出现相同的期望，比如你们都期望考入某个高中等等。

第四，融合阶段。这个阶段中，朋友间的信任度加强，不仅能相互包容、理解，还能较好地解释对方的行为。这时你们逐渐对对方形成了依恋，会讲那些不会告诉其他人的秘密，你们开始相互暴露自己的隐私，同时希望对方能保守秘密。这个时候，你们相互都觉得很舒服，很喜欢和他待在一起，并认定，这就是我最好的朋友、我的知己。

我们和大多数人之间的交往可能只会停留在第二、第三阶段，这能满足我们正常的社交活动，第四阶段的朋友通常是我们所说的密友，这种关系是更加稳定、可靠的，但若双方发生了矛盾，这一阶段也同样是最受伤害的。所以，我们在和别人交往时，要选好朋友，值得深交的朋友才去与他深交，而得不到你认同的人，就把他当作一般朋友吧。

八拜之交

你知道八拜之交具体是指哪些人之间的交往么？他们的故事是怎样的呢？下面我们就介绍什么是八拜之交，并且具体讲述其中四拜的故事。八拜之交通常指：知音之交—伯牙子期；刎颈之交—廉颇相如；胶漆之交—陈重雷义；鸡黍之交—元伯巨卿；舍命之交—角哀伯；生死之交—刘备、张飞和关羽；管鲍之交—管仲和鲍叔牙；忘年之交—孔融和祢衡（范云和何逊）。

1. 知音之交——伯牙子期

春秋时，楚国有个叫俞伯牙的人，精通音律，琴艺高超，但无人能听懂他的音乐，他感到十分孤独和寂寞，苦恼无比。

一夜，伯牙乘船游览，面对清风明月，他思绪万千，弹起琴来，琴声悠扬。忽然他感觉到有人在听他的琴声，伯牙见一个樵夫站在岸边，即请樵夫上船，伯牙弹起赞美高山的曲调，樵夫道："雄伟而庄重，好像高耸入云的泰山一样！"当他弹奏表现奔腾澎湃的波涛时，樵夫又说："宽广浩荡，好像看见滚滚的流水、无边的大海一般！"伯牙激动地说："知音！"这樵夫就是钟子期。后来子期早亡，俞伯牙知悉后，在钟子期的坟前抚平生最后一支曲子，然后尽断琴弦，终不复鼓琴。

知音难觅，知己难寻，无论红颜还是蓝颜，"人生得一知己足矣"成了人们永远的思求。成语"高山流水"，比喻知己或知音，也比喻音乐优美。

2. 刎颈之交——廉颇相如

蔺相如凭三寸不烂之舌和对赵王的一片忠心使赵王免受屈辱，并安全回到赵国。赵王为了表彰蔺相如，就封他为上卿，比廉颇将军的官位还高。这下廉颇可不乐意了，他认为自己英勇善战，为赵国拼杀于前线，是第一大功臣，而蔺相如只凭一张嘴，居然官居自己之上。廉颇很是不服气，就决心要好好羞辱他一番。

有一次，蔺相如有事出门遇到廉颇。廉颇就命令手下用各种办法堵住蔺相如的路，最后蔺相如只好命令回府。廉颇就更得意了，到处宣扬这件事。蔺相如的门客们听说了，纷纷提出要回家，蔺相如问为什么，他们说："我们为您做事，是因为敬仰您是个真正崇高的君子，可现在您居然对狂妄的廉颇忍气吞声，我们可受不了。"蔺相如听了，哈哈一笑，问道："你们说是秦王厉害还是廉颇将军厉害？我连秦王都不怕，又怎么会怕廉颇呢？秦国现在不敢来侵犯，只是慑于我和廉将军一文一武保护着赵国，作为赵王的左膀右臂，我又怎能因私人的小小恩怨而不顾国家的江山社稷呢？"廉颇听说后，非常惭愧，便袒胸露背、背着荆条向蔺相如请罪。从此，他们便成了同生死共患难的好朋友，齐心为国效力。

3. 鸡黍之交——元伯巨卿

范式，字巨卿，他和汝南人张劭是朋友，张劭字元伯，两人同时在太学学习。后来张劭得了病，张劭临终时，叹息说："遗憾的是没有见到我的生死之交。"不久就病死了。范式忽然梦见了张劭，带着黑色的帽子，穿着袍子，仓促地叫他："巨卿，我在某天死去，在某天埋葬，永远回到黄泉之下。你没有忘记我，怎么能不来？”范式恍然睡醒，悲叹落泪，于是穿着丧友的丧服，按照张劭埋葬的日期，骑着马赶去。还没有到达那边已经发丧了。到了坟穴，将要落下棺材，但是灵柩不肯进去。张劭的母亲抚摸着棺材说：“张劭啊，难道你还有愿望？”于是停下了埋葬。没一会，就看见白车白马，号哭而来。张劭的母亲看到说：“这一定是范巨卿。”范式到了之后，吊唁说：“走了元伯，死生异路，从此永别。”参加葬礼的上千人，都为之落泪。

4. 管鲍之交——管仲鲍叔牙

从前，齐国有一对很要好的朋友，一个叫管仲，另外一个叫鲍叔牙。年轻的时候，管仲家里很穷，又要奉养母亲，鲍叔牙知道了，就找管仲一起投资做生意。做生意的时候，因为管仲没有钱，所以本钱几乎都是鲍叔牙拿出来的，可是，当赚了钱以后，管仲却拿的比鲍叔牙还多，鲍叔牙的仆人看了就说：“这个管仲真奇怪，本钱拿的比我们主人少，分钱的时候却拿的比我们主人还多！”鲍叔牙却对仆人说：“不可以这么说！管仲家里穷又要奉养母亲，多拿一点没有关系的。”有一次，管仲和鲍叔牙一起去打仗，每次进攻的时候，管仲都躲在最后面，大家就骂管仲说：“管仲是一个贪生怕死的人！”鲍叔牙马上替管仲说话：“你们误会管仲了，他不是怕死，他得留着他的命去照顾老母亲呀！”管仲听到之后说：“生我的是父母，了解我的人可是鲍叔牙呀！”后来，齐国的国王死掉了，大王子诸当上了国王，诸每天吃喝玩乐不做事，鲍叔牙预感齐国一定会发生内乱，就带着小王子小白逃到莒国，管仲则带着王子纠逃到鲁国。

不久之后，大王子诸被人杀死，齐国真的发生了内乱，管仲想杀掉小白，让纠能顺利当上国王，可惜管仲在暗算小白的时候，把箭射偏了，小白没死。后来，鲍叔牙和小白比管仲和纠还早回到齐国，小白就当上了齐国的国王。小白当上国王以后，决定封鲍叔牙为宰相，鲍叔牙却对小白说：“管仲各方面都比我强，应该请他来当宰相才对呀！”小白一听：“管仲要杀我，他是我的仇人，你居然叫我请他来当宰相！”鲍叔牙却说：“这不能怪他，他是为了帮他的主人纠才这么做的呀！”小白听了鲍叔牙的话，请管仲回来当宰相，而管仲也真的帮小白把齐国治理得非常好呢！

心香一瓣

◆君子淡如水，岁久情愈真。小人口如蜜，转眼如仇人。

——《逊志斋集》

◆人之相识，贵在相知；人之相知，贵在知心。

——孟子

◆一死一生，乃知交情。一贫一富，乃知交态。一贵一贱，交情乃见。

——《史记》

◆找一个赞美你的朋友，不如找一个挑你刺的朋友。

——《当代青年谈人生》

◆有些人对你恭维不离口，可全都不是患难朋友。

——（英）莎士比亚

◆真正的朋友不把友谊挂在口上，他们并不为了友谊而互相要求点什么，而是彼此为对方做一切办得到的事。

——别林斯基

3. 再见，那些无谓的争吵

心灵点滴

尴尬的选择

子馨的人缘不错，她喜欢和朋友们在一起时大家又说又笑的，每每这时子馨就觉得很开心。可那次和最好的朋友周妮吵架便让子馨特别难受。那天就和平常一样，放学回到家，正在做作业，突然收到周妮发的信息："我不喜欢你和刘彦夕一起玩儿，我就不喜欢她，如果你还跟她玩儿，那么我们就断交。"看到这条信息，子馨的眼泪都快出来了。她和周妮是从小玩到大的朋友，她的大小事情妮妮都知道，子馨也喜欢和她分享自己的快乐和痛苦。而彦夕是处处都为子馨着想的朋友，那次上课忘带书了，彦夕把她的书给了子馨，自己却被罚站了；她妈妈做了什么好吃的，她也总邀请子馨去她家里吃；学习上有什么不懂的地方也会问彦夕，她的成绩可棒了。这两个都是子馨的好朋友，她觉得太难过了，为什么周妮会不喜欢彦夕呢？自己该怎么办？最后，子馨非常无奈地回复了周妮，"我以后都不跟刘彦夕玩儿了"。

第二天，去到学校，老师叫子馨和彦夕把书搬到班里去发给大家，一路上她们有说有笑的，回到班里发完书，只见周妮气冲冲地走过来，把子馨拉到走廊上：“你不是说了不理她了么，怎么还那么亲密呀？”子馨忍着，只说了句：“是老师叫我们俩搬书的啊！”周妮也在气头上，可能觉得她在狡辩，便冲着子馨吼了起来：“解释就是掩饰，掩饰就是默认！”听了这话，子馨眼泪都快流出来了，再也受不了了，便回了句：“这是我自己的权力，你为什么要这样？”然后，头也不回地走了。一个下午，子馨都很难受，也很后悔，自己就这样失去了最好的朋友么？太冲动了，应该先道歉么？不，她也有不对的地方，她怎么不主动道歉呢？……子馨挣扎了很久，晚上回家，还是决定给妮妮打个电话。电话里两人聊了很久，最后终于和好如初了。这次吵架让周妮很难忘，她告诉自己以后一定要控制好自己，不再伤害任何人了。

想想看

子馨遇到了自己的人际关系难题，这个难题是不是和大家生活中遇到的很相似呢？也许你的处境类似于进退两难的子馨，也许你是那个有点爱吃醋的妮妮，不管怎样，这些都是我们朋友间常见的矛盾，这些大大小小的矛盾都需要我们好好地处理，不要伤了朋友间的和气。

智慧锦囊

我们和朋友吵完架后，都会非常生气，会觉得对方做得不对，当然也会有自责。有人把争吵都看做是别人的过错，而也有人把争吵看成是一次教训。诺贝尔和平奖得主史怀哲出生于德国，他被称为是20世纪人道精神划时代的伟人、非洲圣人，他在非洲丛林行医60年，用他的医术和怜悯之心救过很多人。小时候的史怀哲，有天放学回家，与同村一个叫尼可的少年起了争执，虽然尼可年龄大过史怀哲，个子也比史怀哲高大，可还是被史怀哲打倒在地。“如果我像你一样，每星期可以吃两次肉汤，我是绝不会被你打倒的。”听完这句话，史怀哲如遭到重重一击，那一瞬间，他没有任何胜利的喜悦，而且觉得羞愧难当。跟一个吃不到肉汤的穷孩子打架本来就不是件公平的事情。从此，他不再到处惹事，而是把精力都用在了学习上。

当你和朋友闹了矛盾时，你是像史怀哲一样吸取教训，还是自己一个人生闷气，怪朋友不好呢？下面这首小诗，便讲了两个好朋友吵架的故事，请你看完它。

融化的雪

[韩国]尹硕中

阿顺的家
阿明的家
两个家是面对面的

下雪的早上
阿顺走出来
把雪全部扫到
阿明家门口
阿明出来看到后
因为火冒三丈
便把自己家门口的雪集合起来
全部又用扫把推到
阿顺家门口

这样来回几次
“阿明，你是来真的哦？”
“阿顺，你是来真的哦？”

两人最后相互挑衅打来打去
可是到了去学校的时间

所以只好延后
“晚一点你走着瞧……”
“晚一点你走着瞧……”
下课后放学回到家才发现
因为太阳已经把雪融掉
所以就算想要继续吵架
已经没理由了

故事看完了，你有没有微微一笑呢？两个早上还向对方发出狠话的朋友，是不是类似于你自己和朋友吵架时的情境呢？而放学回家后太阳把问题都解决了：融化了雪，也融化了两个朋友间的不愉快。当我们与朋友吵架时，刚开始气急败坏，过段时间后，你再回想这件事，你还会觉得这次的生气吵架是必要发生的么？是不是开始觉得自己也有做得不对的地方呢？若两个人有一个主动让步的话，问题就好解决啦。很多时候，回头来看，会发现很多问题都不再是问题，可能都仅仅是为了争那一口气，或是因为一件无关紧要的事，这样的争吵多不值得呀！互相体谅，多站在对方的角度着想，很多问题都迎刃而解了。并且，请你记住，再生气也要让自己冷静，因为吵架时说出的话的分量很亘，同时也是最伤人的。时间不会后退，就算你后悔，伤了别人也会留下疤痕。

知识百叶窗

你讨厌的人也讨厌你

在社会心理学中，有一个“人际吸引的增减原则”，其大意是：人们喜欢那些对自己的喜欢、奖励、赞扬不断增加的人或物，最不喜欢对自己的喜欢、奖励、赞扬不断减少的人或物。

阿伦森请了 80 名大学生作为被试者，将他们分成四组，其中一位被试者实际上是研究者的助手，即假被试者，研究者安排这名假被试者担当这些被试者们的临时负责人。在每次实验的休息时间，这名助手都会离开被试者们，到研究者的办公室向其汇报情况，其中会谈到对其他被试者的印象和评价。被试者们的休息室与研究支持者的办公室只有一墙之隔，虽然两人压低声音谈话，但是实验以巧妙的安排，让被试者们每次都能清楚地听到别人怎样评价自己。每组被试者都有七次机会听到有关对他们的评价。其方式是：

第一组为褒扬组，被试者始终得到好的评价；第二组为贬抑组，假被试者从始至终都对他们持否定态度；第三组为先贬后褒组，即前四次评价专门说被试者缺点，后三次评价则专门说被试者优点；第四组为先褒后贬组，即前四次评价专门说被试者优点，后三次评价则专门说被试者缺点。

当四组被试者都听完该同学对自己的评价后，心理学家要求被试者们各自说出对该同学的喜欢程度，在从0到10的量表上作答。结果发现，喜欢程度的平均分：第一组6.42，第二组为2.52，第三组为7.67，第四组为0.87。

阿伦森认为，前两组的表现说明了人际吸引中的“交互性”原则，你肯定别人，别人也喜欢你；你否定别人，别人也不喜欢你。友情是互利互惠的，“己所不欲勿施于人”，你怨恨别人某些行为时，别人也同时在生你的气。所以，朋友间出现矛盾时，相互猜疑是大忌，多设身处地为别人着想，自己不喜欢的，也不要强加于别人，如果能做到这点，很多矛盾都可以迎刃而解的。

视野天下

争执时的原则

很多时候，我们在最亲密的人面前最容易耍小脾气，因为我们知道，无论怎样，他们都不会离开我们，在他们面前我们是最真实最自在的。尽管如此，当你发脾气、和朋友或是家人争执时，也要把握好度，注意原则。

1. 要果断，最好别拖泥带水

朋友间偶尔的小打小闹是生活的润滑剂，如果觉得现在的生活有点

涩，需要润滑一下，或者是心里憋了些东西压得自己透不过气来，两个人言语不和或者火药味浓了，那就赶紧说明白，趁着还没演变成大战，说一说，把火儿撒了，气消了，生活就回到原来的轨迹了。争执时不要拖泥带水，不要一味憋着忍着，那样只能越积越多，积重难返的时候，就算吵翻了天也会于事无补。

2. 要热烈，不能演变成冷战

好朋友间的争吵有时仅仅是为了一点小事，看上去双方都有道理，又似乎都觉得对方没有道理，所以在这时候，一方面要指出对对方的不满，一方面要说出自己心里的委屈，畅快地吵架，吵完了之后检讨自己平时做得不好的地方。一旦陷入冷战，双方都很郁闷，最后可能连误会都没有澄清，两个好朋友还容易有心结。

3. 要客观，不能动辄翻旧账

发生了不愉快肯定有原因，但吵架要有原则，就事论事吵架没问题，吵过了也就过去了，一些郁结在心里的陈年旧事不是通过吵架能化解的，最好的办法是忘记、搁置或者心平气和地沟通解决，吵架的时候往往情绪都比较激动，但不能没事儿翻旧账，否则就是火上浇油。

4. 发生争执要节制，不能争起来没完

发生争执最好是就事论事，闹完之后就过去，如果觉得没过瘾或者问题没解决，可以适当延长时间，但原则是最好不要今天吵完了明天接着来，没完没了地吵，破坏情绪，毁掉幸福，不但解决不了问题，还会不断添堵。

5. 争执时要体谅，不要紧逼不让步

争执时不能咄咄逼人，相互不体谅对方。埋怨少一点，互相给个台阶下，吵架有上有下，就变得顺其自然了。还有一点一定要记住，不管吵成什么样子，说完之后最好知道如何收场：要么今日事今日毕，吵着吵着见好就收；要么吵过了之后要主动认错，相互迁就。

心香一瓣

我曾经以为,我们会成为永远的好朋友
我从未想过,有什么能裂开我们之间的友谊
我正在想象,如今的我们与将来的我们
上学放学的路上
十分钟的拌嘴,十分钟的欢笑
零食与喜悦的共同分享
责任与伤心的共同承担
曾定下共同的理想
奔向共同的目标

十分钟的我一个人的语言
取代两人的拌嘴
而你的沉默,我的不解
取代了欢笑

竞争取代了所有的一切
我感觉到了
你不愿分享我的喜悦
也不再接受我对你
　成功的真诚祝贺
又或许
真诚的祝贺中盈满了苦涩
所以
你才不会接受

关于朋友,关于友情
我和朋友,我和友情

4. 你好，我的异性知己

心灵点滴

不可缺少的帮助

颜敏有一个好朋友，他的外号叫杀手卓，这个杀手卓本名叫郑嘉卓，和颜敏是同班同学。两人刚开始都不了解对方，可在一次数学考试后，两人便成了劲敌，因为每次不是嘉卓考第一就是颜敏考第一。而两人也总喜欢在考试时拼个你死我活，有几次在考试前，两人就立下誓约，输的一方要请赢的一方饱餐一顿，结果，颜敏大快朵颐了好几次，气得嘉卓誓言不会再让颜敏超过自己。课间，两人常为了一道题争个面红耳赤，就算在老师面前，他们也如此。小学毕业后，两人渐渐失去了联系，只是在颜敏的同学录上，嘉卓写道：猪头敏，虽然你经常都是比较笨的，但因为有你的"不良竞争"，常使我看书到深夜，每每这时，我真想你消失不见了，哈哈，开玩笑。我的数学成绩能这么优秀，也有你的功劳哦……说实话，颜敏也很感谢嘉卓，每次想要偷懒时，就想到下次考试他可能会超过自己，便不再懈怠；而且在每次讨论中，颜敏发现嘉卓的思考方式有时和她很不相同，使她的思路更加宽阔了。有这样一位劲敌加挚友，颜敏觉得自己很幸运。

想想看

在与异性交往过程中，你遇到了哪些困惑呢？是不敢和异性说话，还是和异性打得火热被周围人误会？或者是其他情况呢？你能处理好你遇到的问题么？

智慧锦囊

从我们呱呱落地的那一刻，我们开始了我们特有的人生。现在我们已经度过了童年期，进入到了青春期。关于青春我们总浮想联翩，因为它的短暂、它的朦胧、它的美好，当然我们也有青春时特有的烦恼。这时的我们，情绪变得不太稳定，易怒易激动，随着自我意识的增长，也总觉得自己是个大人了，需要自由。我们开始更多地关注外表，希望给别人留下好印象；也开始更多地进行内心探索。有时我们不知道怎么跟我们的异性朋友交往，太亲密怕被误会，有的同学甚至不敢和异性说话，正如《生活大爆炸》里的那个印度男孩 Raj。随着身心的变化，我们在心里比较和评价异性，同时也关注自己在异性心目中的印象。我们该如何与异性交往呢？

第一，与异性交往是正常现象。无论从生理还是心理的角度，与异性交往都是不可缺少的。异性同学间的正常交往不仅可以取长补短，也可以使自己的个性全面发展，扩大交往范围，丰富自己的情感体验。一般来讲，有异性朋友和同性朋友的同学，能更好地与人交流，眼界更加开阔，自己的性格也更加积极向上，为人更加诚恳。

第二，既然与异性交往是非常正常而且是很有必要的事情，我们可以通过多读生理、心理方面的书籍，多学习青春期知识，帮助我们消除对异性的神秘感和好奇心，避免各种不良因素的刺激和影响。

第三，见多识广，丰富自己的精神生活。与有学识的人交往，与书交朋友，使自己处于一种充满希望、有朝气的状态。丰富自己的经历，抵制低级趣味的东西。青春的黄金时期错过了就没有了，朝着自己的目标奋进，做个富有内涵、积极向上的青年。

第四，跟异性朋友交往时要真实坦诚，控制好自己的情感。和异性朋友交往，越自然大方，越不失仪态。得体的举止，真诚地对待，相互间的信任，都能使交往双方感到舒服自在。所以，我们和异性朋友也就可以像同性朋友一样良好地交往了。和异性交往时，用正确的思维控制自己的情感，相互尊重、相互理解是良好的异性关系所必备的因素。

第五，和异性朋友的交往毕竟与同性不同，要留有余地，言行举止都应如此。在异性面前，要把握好身体接触，言谈要避免敏感话题，以免使自己显得轻浮。

另外，对于女孩子，由于生理心理上的特点，常常处于被动地位，相对于男孩子来说，更容易受到伤害。身体上出现变化是我们长大了的表现，也因如此，便应该更加爱惜自己，保护好自己，做个自立自强、自尊自爱的优秀女子。给别人留下好印象不是靠奇装异服做到的，有修养、有内涵、举止得体是大家都喜爱的。温柔是女孩子的天性，但温柔不代表怯懦，不代表没有主见，遇到潜在的伤害时要勇于说“不”，积极求援。出门最好结伴而行，夜晚不要单独出门，若遇不法分子一定要态度坚决，不能被动、顺从。在公共场合，要注意保护好自己的隐私，坐车时尽量靠近女性，与男性保持应有的距离。

社会促进效应

我们在生活中，不可能总是独自一人学习、工作，很多时候都会有他人在场，这是不可避免的。社会心理学家发现，一个人在从事某项活动时，如果有他人在场，就会对他形成一种刺激。这种刺激又会提高他的活动效率，促进活动的完成。尤其是有异性在场的时候，更是干劲十足。

奥尔波特在哈佛大学心理学实验室进行了一系列实验，所用的被试者都是成年的大学生，实验共同作业时是 5 人围坐在圆桌旁；单独作业时是每个被试者单独在一间屋内，每个屋内都有一个发声器以报告时间。

实验中所测验的精神活动种类很多，包括删去元音字母、注意力的可逆性变换测验和乘法测验等。被试者 15 人，每个人大约单独完成 30 次测验，在共同作业中也完成 30 次测验。实验结果是，在需要周密的注意力的脑力活动中，大多数人的工作速度在受共同工作者的刺激时会加快。相反，也有少数人因受社会影响而降低工作速度。大多数被试者说，他们很少明确地意识到"别人写得很快，所以我也得赶快写"。但是总有一种特殊的助长侧击，如脚步移动、写字的摩擦声，对邻近工作者的速度、停顿、工作进展的旁视，使他们加快节奏。

这个实验证实了"社会促进"理论，当有人在身旁时，工作效率要高于单独工作的情况，当然这也要受个体差异的影响。但在当今许多领域，竞争促进了进步，战胜他人的雄心使我们更大地发挥出自己的潜能，若有异性在场时，这种潜能有时会发挥得更好。

男女搭配干活儿不累

科学家发现，人体向外释放的外激素非常容易被周围的异性接收到，并对他们的行为产生影响。除了心理和精神方面的因素以外，研究人员还提出了另外一种解释"男女搭配干活不累"效应的理由。20 世纪 70 年代后，科学家对外激素的研究兴趣日益增强，并发现了外激素活动对人与动物行为的影响规律。外激素是通过分布在人或动物皮肤或外部器官上的腺体向外释放激素的。这种激素一般都有明显的气味，而这种气味又非常容易被周围的异性接收到，并对他们的行为产生影响。

这主要是因为男性比女性更喜欢通过视觉获得有关异性的信息，如异性的容貌、发型、肤色、身段等外部特征都易引起他们的极大兴趣，并会对他们的感觉器官产生某种程度的冲击作用，使他们感到愉悦不已。另外，心理学家还发现，男性在女性面前的表演欲望要比女性在男性面前的表演欲望强烈得多，而表演欲望和表演行为本身会刺激人体产生更多的神经传导物质多巴胺。多巴胺是一种能引起人兴奋和能够增强人的动机的神经传导物质，人体内多巴胺水平的正常增高会使人感到活力无限和兴奋不已。

同样的道理，女性在男性面前也会有这种表演欲，只是没有男性在她们面前的表演欲强烈而已，女性的这种表演欲也能在她们体内引起多巴胺水平的变化，从而使她们的兴奋度提高，工作的活力增强。除了以上两个方面的原因以外，还有一个原因是不能忽视的，那就是男女在性格等诸多方面都有互补性，男女在一起工作会更充分地表现出这种互补性。假如女人和女人在一起工作或男人和男人在一起工作，就不能体现这种性格方面的互补性，工作的效率也肯定会受到一定的影响。

关于朋友

江边渡

至于异性的朋友
就像人在秋天
神清气爽
有时候觉得
对方是自己飞翔起来的天空
肆无忌惮地揭露自己
表露自我
哭时也可大把眼泪大把眼泪往他身上抹
笑时就什么奇形怪状的姿势都毕露

5. 看清，这五颜六色的世界

心灵点滴

小张是佛山一个学校的一名学生，今年放暑假，他们应聘到“麦王争霸”佛山组委会，和他一起进入组委会的一共有12名中学生，招聘他们的是一个50多岁的人。小张说：“大家都是同学互相介绍的。”

他们被安排到不同的岗位，有文案、报名员，还有业务员。小张就做了业务员，他们上班的地方位于禅城建新路的大树广告公司。从7月份开始，他们12个学生分赴各个岗位开始干活。转眼，暑期快要结束了，12名学生也工作了近两个月。小张他们满怀欣喜地等着拿自己的劳动成果，结果，却遭到“东家”的推诿。做业务并不容易，两个月下来他的工资合计才690元，工资还迟迟不兑现。

“大家都想着利用假期时间出来做一下兼职，这样既可以增加点经验，又可以赚点钱，可没想到，自己付出了劳动，却遇到这种事情，这是我们以前想都没想过的。”小张感慨道，“以前总以为自己有很多经验，现在却连自己的合法权益都不能保护，这真是上了很好的一课。社会真是太复杂了，两个多月的辛苦都白费了。”

想想看

学校像是一个保护膜，让我们免受社会的风吹雨打，而我们感觉自己长大了，想要走出这个保护去四处闯荡时，才发现，太多东西是我们没有见过、想过的。复杂的社会有时会使我们不知所措，所以，要慢慢适应这个社会，要使自己逐渐拥有一把保护伞，使我们免受伤害。

智慧锦囊

大人常教育我们，处世太浅要多留个心眼。在复杂的社会背景中，阅历丰富的人，都摔过跤、吃过亏，更何况我们呢？有些跌倒我们是可以承受的，有些则是不可以的，我们要避免致命的错误对我们的伤害。俗话说，“害人之心不可有，防人之心不可无”，我们必须在日常生活中学习如何自我保护，并且要多注意观察周遭的环境，时刻保持警戒状态，避免自己的权益受到侵害。

◆提高警惕。出门在外，经常会遇到各种人，有些带着善意或是可怜的面孔，博取你的同情后再对你行动。有不法分子用换钱的把戏，把真钞换成假钞；而之前在QQ群里流传的，诱惑你闻香水，实则是麻药等消息，看了更是让人心惊胆战。这些种种消息的流传，真假难辨，但这些都提醒我们，要提高警惕，不要遇到谁都同情心泛滥，有时你的同情心换回的可能是一个大麻烦。当然，这也不是说不提倡乐于助人，而是希望大家可以在保护好自己的前提下再去帮助别人。

◆不要贪小便宜。“小朋友，你看这里有个钱包丢了，是你的么？不是的话我们偷偷把里面的钱分了吧。”类似的诈骗你在网上或新闻上一定见过，这些不法分子利用人的贪婪，巧妙地让你钻进他们的陷阱，然后再进行诈骗。不贪小便宜可以使你减少很多被骗的可能，不是自己的东西再好的也不要，千万不要因小失大，记住，天下没有免费的午餐。

◆多学习。多关注社会热点，新闻中报道的不少受害人的事件都给我们提了很大一个醒，犯罪分子的手段越来越高明，有些是我们想都不会想到的，多了解信息，若自己真的遇到了，也有前车之鉴。另外，要多学习自我保护、逃生、急救等技巧，关键时候这些积累的技巧是可以让自己脱离险境的。

◆技能。不论你是男孩还是女孩，都应该会一点防身术，特别是女孩子，遇到危险时，可以用防身术给歹徒重重一击，为自己脱险赢得时间。另外，女孩子要学会留下个人标志，男孩子也需要留下个人标志。比如说，你在街上，走着走着，突然前面有个大坑，你一脚踩空掉下去了，在掉下去的瞬间应该干什么呢？你手里有什么，往外扔什么。比如说你手里有个塑料袋，有个书包，要赶快扔，你一扔出去，后面的人就知道你掉到沟里去了，这叫学会留下个人标记。

◆网络。网络很发达，再加上微博的普及，信息的传递速度异常迅速，与此同时，同一件事会出现不同版本，真真假假，难以分辨。很多消息为吸引眼球，经常冠以“史上最……，点击率 ×× 万”等字眼，部分误导信息就此流传出去了。利用网络，同时要警惕网络，不要一味地全盘接收，你一直信以为真而其实是错误的事情，会误导你最深。

知识百叶窗

校园常见的诈骗手法

1. 利用手机短信进行诈骗

某高校一同学的手机突然收到一条短信息：恭喜你的手机号中奖，奖品为一台价值两万元的笔记本电脑，请你于某年某月某日之前来我公司领取或电话联系。该学生信以为真，就按照短信息上的内容办理，结果钱“物”两空，被对方骗走 8000 元现金。

2. 以高回报为诱饵行骗

不法分子常常拿假冒伪劣的洗发水、文具、化妆品、运动鞋、笔记本电脑等向学生推销，骗取学生财物。2011 年 11 月 14 日，一名自称是在某笔业有限公司工作的刘某进入某高校学生公寓楼推销学生用的笔记本和笔，并宣称其公司招聘校园代理，利润丰厚。学生交付订货金额 3000 元，在宿舍打开包装箱查看时，所有的笔均没有笔芯，才发现上当受骗，作案人早已无踪影了。

3. 伪造事实诈骗

2009 年 8 月 27 日，学生陈某接到一个电话，称她的手机与别人的手机串号了，需关机 3 小时，陈随即关机，当天上午 10:40，陈某开机后便接到母亲的电话，告诉其一自称系主任的人给家里来电话称陈某因车祸住院抢救，急需 9 万元，陈某的母亲当时给孩子打电话不通，即按其提供的银行账号汇出 9 万元。得知被骗后，陈某的母亲立即向当地警方报案，但为时已晚，嫌疑人已将所汇的 9 万元从银行提走了。

4. 网上购物行骗

2011 年 10 月，某高校一同学在网上看到一公司的网站中拍卖的手机明显低于市场同类商品的价格，他便与该公司联系，并立即按公司联系人王某提供的账号汇出 1500 元钱。谁知，该同学等了很久也没见到手机的影子，直到对方的手机再也无法接通时，他才意识到受骗了。

5. 网上交友被骗

2004 年某校一名女生在网上结识一名男士，几次见面后就熟悉了。有一天男子称是他的生日，便请女生到他的住地（租房）与他的两位朋友一起过生日。其中有个青年买了些酒和饮料。这位女生刚喝几口可乐，就觉得头不对劲，一会就迷糊了。三个男子把她扶到床上休息，待女生醒来天已黑了，三个男子不见踪影，自己身上一丝不挂，在惊恐中发现自己已被侵害，一时不知所措。经警方和学校一个星期的侦查，才将这伙专门利用网络作案的犯罪分子抓获。

女生自我保护小技巧

1 暗打一个结

防止马路上的“飞车贼”，我们不妨用一条短绳，把挂在自行车上的小包的带子紧紧在车把上绑牢，这样可有效防止马路上的“背包失窃”。

2. 给衣袋加扇"防盗门"

钱夹放入裤侧袋后，只要捏着裤侧袋（非贴袋）连同钱夹扭转半圈（180°），这样窃贼即使伸进罪恶之手也拿不到钱夹，这就像上了一把锁，其效果不亚于装了一扇“防盗门”。购物付款时亮出了钱夹，如顺手放入了外衣裤的口袋，就不要改放了，以免“此地无银三百两”。

3. 谨防性骚扰

年轻女性在公共场合碰到性骚扰如何防备，我的招数是：在公共汽车上碰到性骚扰要保持冷静，最好离开那人可触及的范围，如果您坐着就转换位置；随身携带小型尖锐硬物，并从拎包里露出一端来，性骚扰者见到这类东西，会明白你有自卫工具，决不好欺；夜晚独立行走，要选择光线明亮、人多热闹的大马路，不要贪近而走偏僻小道，以防发生意外；携带手机，遇到险情拨打“110”报警。

4. 带个小哨子

随着城市中心区的人口不断向城乡结合部的边远小区搬迁，而小区的配套设施又尚未完全到位,交通不便利、灯光盲区多、行人稀少,这一切容易使单身行走的路人遭到不法侵害。可让每个单身行人携带一个小哨子,当遇到不法侵害时可以吹响哨子,一来可以吓退不法侵害人;二来也可以用哨声呼救,寻求帮助。这一方法简单易行,效果应该是不错的。

5. "小小喷发胶"防身必备品

自备一瓶小型喷发胶(含有酒精等刺激物),如果碰到歹徒袭击,即朝他的眼睛喷射,使其眼睛疼痛睁不开,趁势逃脱,勇敢的还可将其擒获。

6. 防身三方法

遇到歹徒向你或他人攻击的时候,首先要镇定,如能避让、报警最好,当不能回避时可采用如下方法。

(1)折手指法。当歹徒从背后抱住你,你的上臂、下臂在腹部前面还能活动时,你首先用力将双臂往外扩张,并迅速用手抓住歹徒的一只小指或无名指,用力向他的手背方向猛扳,力求迅速折断他的手指。

(2)当歹徒从背后抱住你,你的双手在左右两侧时,首先用力将双臂往外扩张,迅速转身,用力抓住其私处,直到将他制服。

(3)翻背包法。当歹徒从背后抱住你的脖子时,首先要用双手用力拉住歹徒的双手,快速用力低头、弓背、挺腰,把歹徒从你背后摔到前面,并加以拳脚,直到将他制服。

7. 不要随便喝别人递上的酒水

酒水是坏人最容易动手的工具,如果有人拼命劝你喝东西,那你一定要警惕。另外,如果有不熟悉的男性在场,也不要随便喝他递给你的饮料,离开现场后,刚才喝过的饮料最好也放弃。并且女生在外面,最好不要随便喝酒,特别是你不知道自己的酒量时,要勇于拒绝。

心香一瓣

◆没有自我尊重，就没有道德的纯洁性和丰富的个性精神。

——苏霍姆林斯基

◆自尊自爱，作为一种力求完美的动力，是一切伟大事业的渊源。

——屠格涅夫

◆人多不足以依赖，要生存只有靠自己。

——拿破仑

◆社会是一个泥坑，我们得站在高地上。

——巴尔扎克

第五篇　我的美丽新世界

花开花落，云卷云舒。世界很大，你很小。你虽小，却有梦。有梦做伴，不再孤单。踏上旅程，星星点点，有光指引，没有迷茫。翻山越岭，荆棘四起，咬牙坚持，不曾放弃。烟雾弥漫，忽见阳光，心有信念，终到山顶。俯瞰四周，有你在，你的世界格外美丽。

1. 我要走适合自己的路

心灵点滴

帕瓦罗蒂1935年出生在意大利的一个面包师家庭。他的父亲是个歌剧爱好者，他常把卡鲁索、吉利、佩尔蒂莱的唱片带回家来听，耳濡目染，帕瓦罗蒂也喜欢上了唱歌。小时候的帕瓦罗蒂就显示出了唱歌的天赋。长大后的帕瓦罗蒂依然喜欢唱歌，但是他更喜欢孩子，并希望成为一名教师。于是，他考上了一所师范学校。在学校学习期间，一位名叫阿利戈·波拉的专业歌手收帕瓦罗蒂为学生。

临近毕业的时候，帕瓦罗蒂问父亲："我应该怎么选择？是当教师呢，还是成为一个歌唱家？"他的父亲这样回答："卢西亚诺，如果你想同时坐两把椅子，你只会掉到两个椅子之间的地上。在生活中，你应该选定一把椅子。"听了父亲的话，帕瓦罗蒂选择了教师这把椅子。不幸的是，初执教鞭的帕瓦罗蒂因为缺乏经验而没有权威。学生们就利用这点捣乱，最终他只好离开了学校。于是，帕瓦罗蒂又选择了另一把椅子——唱歌。

十七岁时，帕瓦罗蒂的父亲介绍他到"罗西尼"合唱团，他开始随合唱团在各地举行音乐会。他经常在免费音乐会上演唱，希望能引起某个经纪人的注意。可是，近七年的时间过去了，他还是无名小辈。眼看着周围的朋友们都找到了适合自己的位置，也都结了婚，而自己还没有养家糊口的能力，帕瓦罗蒂苦恼极了。偏偏在这个时候，他的声带上长了个小结。在菲拉拉举行的一场音乐会上，他就因那好像脖子被掐住的男中音，被满场的倒彩声轰下台。

失败让他产生了放弃的念头。但是冷静下来的帕瓦罗蒂想起了父亲的话，于是他坚持了下来。几个月后，帕瓦罗蒂在一场歌剧比赛中崭露头角，被选中于1961年4月29日在雷焦埃米利亚市剧院演唱著名歌剧《波希米亚人》，这是帕瓦罗蒂首次演唱歌剧。演出结束后，帕瓦罗蒂赢得了观众雷鸣般的掌声。第二年，帕瓦罗蒂应邀去澳大利亚演出及录制唱片。1967年，他被著名指挥大师卡拉扬挑选为威尔第《安魂曲》的男高音独唱者。从此，帕瓦罗蒂的声名节节上升，成为活跃于国际歌剧舞台上的最佳男高音。

当一位记者问帕瓦罗蒂成功的秘诀时，他说："我的成功在于我在不断的选择中选对了自己施展才华的方向，我觉得一个人体现他的才华的关键就在于他要选对人生奋斗的方向。"

想想看

帕瓦罗蒂成功的重要因素是什么？是他走了一条适合自己的路，他选择正确并且坚持了下来，而很多凡人走的道路其实并不适合自己，长此以往，自己的优势没有得到最大限度的发挥，因此慢慢平庸了。青年时期，我们将面临很多选择，哪条路才是你自己的呢？你知道吗？

智慧锦囊

人生主要有八大选择：安定之中选择改变，逆境之中选择突破，争议之中选择面对，批评之中选择幽默，打击之中选择宽容，沟通之中选择事业，自信之中选择成功。而我们在选择时常会不知所措，衡量着选择的事物，这个想要，那个也不舍得放弃。

1976年，美国心理学家兰格和罗丁进行了一项选择权与快乐感的相关研究。他们随机挑选了两组老人，给他们安排了相同的生活条件，不同的是，实验组的老人对生活安排有很大的决策权，而对照组的老人只能被动地接受养老院的安排。3周后的结果发现，93%的实验组老人感觉更快乐也更有活力，而对照组老人感觉良好的只有21%。兰格和罗丁从研究中得出结论：抉择权带来的自我责任感、生活控制感能使人生活质量提高，生活态度变得积极。

但另一方面，心理学家也发现：选项太多，往往会弱化我们从选择中得到的满足感。特别是当代社会快速的生活节奏迫使我们必须对很多事情迅速作出反应，否则“当断不断，反受其乱”，怕做错选择的恐惧感使我们犹豫不决，备受困扰。

那么，如何才能做出适合自己的正确的人生选择呢？

美国心理专家苏·威尔士在最新出版的《10-10-10：改变人生的观念》中表示：预测未来会帮你意识到什么对你更重要，从而做出正确的人生选择。那么什么是“10-10-10人生抉择策略”呢？这种策略要求我们假想在未来的10分钟、10个月到10年期间，事态发展会导致何种结局。

比如周末到了，你很想给自己一个空间，静静地去做自己喜欢的事情，而朋友的一个电话邀你一起去踏青，却让你陷入了两难的境地。是该坚持自己的想法呢，还是跟着朋友一起去玩呢？你可以用用“10-10-10人生抉择策略”，若你坚持自己的想法，10分钟后，你可能已经逐渐进入到自我状态，开始津津有味地读书或做其他自己想做的事情，而你的朋友可能有点不理解；10个月后，你的读书量已经比一般人大，若你是学习画画之类的技能，那么也已初见成效，朋友可能已经很少叫你一起出去游玩；10年后，你可能很擅长某样东西，并将它作为你的特长，而不能理解的朋友应该早已失去联系，理解你的朋友可能会欣赏你的才能。要怎样选择，还是自己做主吧。

这个方法可能也不是万能的，它只是在你迷茫时，想象可能发生的事情，但这种想象未来不一定就会发生，还会受到其他各种因素的影响。这个方法是希望你将自己心中所想放大，看清楚自己到底想要什么、希望得到什么。清楚了方向后，奋斗也就不再盲目了。

选择的冲突

我们在做出一个抉择时会考虑很多因素，会因为环境和自身的主客观因素限制而不能得到两全其美的结果，这时我们的想法就有了冲突，开始纠结。选这个，还是选那个呢？纠结出现时，我们内心会觉得烦躁、焦虑、紧张等。如果这个选择对我们今后很重要，而供选择的各方都有充分的理由时，这种内心状态会更深刻、更持久。

心理学中，将这种冲突分为三种。

双趋式冲突。孟子说："鱼，吾所欲也；熊掌亦吾所欲也；二者不可兼得，舍鱼而取熊掌也。生，吾所欲也；义亦吾所欲也；二者不可兼得，舍生而取义也。"当两种东西我们都想要时，便不知如何选择了。逛街时，看见这个也喜欢，那个也觉得有用，但囊中羞涩，只能选择一个，这种便是双趋式冲突。

双避式冲突。当两种目标我们都想回避，却只能够回避一个时，便产生了这种痛苦。某人牙疼得厉害，去医院又害怕牙医弄得自己很疼，不去医院吧，自己吃点药也无济于事。两个都不想选择，却又必须面对，权衡利弊后，还是选择看医生，结束痛苦的折磨。

趋避式冲突。一个目标对人既有吸引，又有排斥时，一方面接受它的好，一方面又排斥它的不利，这种冲突出现时，大家往往会觉得很难做出一个决定。竞选班干部时，既想去锻炼自己的能力，又害怕因此耽误了学习，左思右想，还是不知道该不该去竞争，这便是趋避式的冲突。

视野天下

人生的选择

几个学生问哲学家苏格拉底："人生是什么？"

苏格拉底把他们带到一片苹果树林，要求大家从树林的这头走到那头，每人挑选一个自己认为最大最好的苹果。不许走回头路，不许选择两次。

在穿过苹果林的过程中，学生们认真细致地挑选自己认为最好的苹果。等大家来到苹果林的另一端，苏格拉底已经在那里等候他们了。他笑着问学生："你们挑到自己最满意的果子了吗？"大家你看看我，我看看你，都没有回答。苏格拉底见状，又问："怎么啦？难道你们对自己的选择不满意？"

"老师，让我们再选择一次吧！"一个学生请求说，"我刚走进果林时，就发现了一个很大很好的苹果，但我还想找一个更大更好的。当我走到果林尽头时，才发现第一次看到的那个就是最大最好的。"另一个接着说:“我和他恰好相反。我走进果林不久,就摘下一个我认为最大最好的果子,可是,后来我又发现了更好的。所以,我有点后悔。”“老师,让我们再选择一次吧!”其他学生也不约而同地请求。

苏格拉底笑了笑,语重心长地说:“孩子们,这就是人生——人生就是一次无法重复的选择。”面对无法回头的人生,我们只能做三件事:郑重地选择,争取不留下遗憾;如果遗憾了,就理智地面对它,然后争取改变;假若也不能改变,就勇敢地接受,不要后悔,继续朝前走。

有三个人要被关进监狱三年,监狱长给他们三个一人一个要求。美国人爱抽雪茄,要了三箱雪茄;法国人最浪漫,要一个美丽的女子相伴;而犹太人说,他要一部与外界沟通的电话。三年过后,第一个冲出来的是美国人,嘴里鼻孔里塞满了雪茄,大喊道:“给我火,给我火!”原来他忘了要火了。接着出来的是法国人,只见他手里抱着一个小孩子,美丽女子手里牵着一个小孩子,肚子里还怀着第三个。最后出来的是犹太人,他紧紧握住监狱长的手说:“这三年来我每天与外界联系,我的生意不但没有停顿,反而增长了200%,为了表示感谢,我送你一辆劳斯莱斯!”

什么样的选择决定了什么样的人生,什么样的路适合自己,只有自己才清楚明白,倾听你自己的声音,做出理智的选择,总有破茧成蝶的那一天。不是此生选择了我们,而是我们选择了此生!

未选之路

罗伯特·弗罗斯特

黄色的丛林里分出两条路,可惜我不能同时涉足,

我站在那路口久久伫立,向着一条路极目望去,

直到它隐没在丛林深处。

然而我选择了另一条路,它荒草萋萋,十分幽静,显得更诱人,更美丽;

虽然那天在这两条小路上，都很少留下旅人的足迹，
那天清晨落叶满地，两条路都未经旅人踩印。
啊，留下一条路等改日再见！
明知路途绵延无尽，我却怀疑是否应该回到原地。
也许多年后在某个地方，我将轻声叹息将往事回顾；
一片树林里分出两条路——而我选择了人迹更少的一条，
从此决定了我一生的道路。

2. 一诺千金

心灵点滴

美国开国大总统华盛顿小的时候，是个诚实的孩子。他跟父亲之间，曾有过这样一段故事。

一天，父亲送给他一把小斧头。那小斧头新崭崭的，小巧锋利。华盛顿可高兴了！他想：父亲的大斧头能砍倒大树，我的小斧头能不能砍倒小树呢？我要试一试。他看到花园边上有一棵小樱桃树，微风吹得它一摆一摆的，好像在向他招手："来吧，小华盛顿，在我身上试试你的小斧头吧！"华盛顿高兴地跑过去，举起小斧头向樱桃树砍去，只听"喀嚓"一声，小树成了两截，躺到地上。他又用小斧头将小树的枝叶削去，把小树棍往两腿间一夹，一手举起小斧头，一手扶着小树棍，在花园里玩起了骑马打仗的游戏。

一会儿，父亲回来了，看到心爱的樱桃树倒在地上，很生气。他低头问华盛顿："是谁砍倒了我的樱桃树？"

华盛顿这才明白自己闯了祸，心想：今天准得挨爸爸揍啦！可他从来不爱说谎，就对爸爸说："爸爸，是我砍倒了你的樱桃树。我想试一试小斧头快不快。"

父亲听了华盛顿的话不仅没有打他，还一下子把他抱起来，高兴地说："我的好儿子，爸爸宁愿损失一千株樱桃树，也不愿你说一句谎话。爸爸原谅诚实的孩子。不过，以后再也不能随便砍树了。"

这件事过去不久，秋天到了。一个早晨，鸟儿在树上唱歌，树叶和花草上的露珠在初升的太阳光中闪烁。华盛顿的爸爸一手拉着小华盛顿，一手拉着华盛顿的表哥走进了一片苹果园中，只见一棵棵苹果树果实累果，压满枝头。华盛顿的爸爸说："嗨，儿子。"他指了指满园的果树说："这许许多多的苹果都是你的。"华盛顿一听高兴地拍起了手。爸爸低下头对他说："你还记得春天表哥来时带来的那个苹果吗？"华盛顿一听低下了头，他用脚在松软的土地上划来划去，不知说什么好。过了一会儿，他抬起头，泪水晶莹地望着爸爸，柔声说："爸爸，就原谅我这一次吧，我今后再也不那么小气了。"

这是怎么回事呢？原来华盛顿的表哥在春天来到他家做客，带给华盛顿一个大苹果，爸爸告诉他要分给兄弟姐妹们吃，可华盛顿怎么也不肯。爸爸给他讲了许多道理，可华盛顿还是不听，直到后来爸爸对他保证说："只要你愿意把苹果分给大家一起吃，作为奖赏，万能的上帝就会在秋天送给你许许多多苹果。"他才将苹果分给了别人。今天，爸爸带他到这儿来，就是要小华盛顿明白这一个道理，做人不仅要诚实，还要有所担当，为自己的行为负责，你给予别人的关爱迟早会得到更多的回报。

想想看

当你的面前站着一个不负责任的人时，你放心把你的工作交给他来做吗？很多时候，可能一句话或是一个动作，就能看出你是否可靠。而要让别人觉得你可靠，首先要学会自己对自己的行为负责，遇到事情不推托，敢承担，这是你要踏出的重要一步。

智慧锦囊

对自己的行为后果没有担当，是一种不负责任的表现，是我们在社会生活中一种失败的表现。不能对自己负责的人，很难融入社会、适应社会，也不能很好地把握自己的成长过程。只有对自己负好责，才能更好地承担起家庭和社会的责任，这是成功个人所必备的品质之一。对自己负责，是要让自己生活得舒服自在，而自己生活得舒服的前提便是有灵活的头脑和健全的身心。我们头脑的灵活性除了先天因素外，还需要后天的努力，你的选择是什么，选择后果会怎样，都是未知的。我们的先天是我们无法控制的，但我们未来生活是怎样的，是我们自己选择的结果，这个结果是好是坏，过程中要经历什么样的欢乐和痛苦，都必须自己承担。上学迟到便怪妈妈没叫你起床，妈妈能在你身边服侍你一辈子么？当然不能，自己的生活自己负责，怪别人只会显得自己更加无能。

比尔·盖茨写给青年人的十一点忠告——如何才能对自己负责，也许会对你有所启发。

（1）生活是不公平的，要去适应它。

（2）这世界并不会在意你的自尊。这世界指望你在自我感觉良好之前先要有所成就。

（3）高中刚毕业你不会一年挣4万美元。你不会成为一个公司的副总裁，并拥有一部装有电话的汽车，直到你将此职位和电话汽车都挣到手。

（4）如果你认为你的老师严厉，等你有了老板再这样想。老板可是没有任期限制的。

（5）烙牛肉饼并不有损你的尊严。你的祖父母对烙牛肉饼可有不同的定义，他们称它为机遇。

（6）如果你陷入困境，那不是你父母的过错，所以不要尖声抱怨他们，要从中吸取教训。

（7）在你出生之前，你的父母并非像他们现在这样乏味。他们变成今天这个样子是因为这些年来他们一直在为你付账单，给你洗衣服，听你大谈你是如何的酷。所以，如果你想消灭你父母那一辈中的“寄生虫”来拯救雨林的话，还是先去清除你房间衣柜里的虫子吧！

（8）你的学校也许已经不再分优等生和劣等生，但生活却仍在作出类似区分。在某些学校已经废除不及格分；只要你想找到正确答案，学校就给你无数的机会。这和现实生活中的任何事情都没有一点相似之处。

（9）生活不分学期。你并没有暑假可以休息，也没有几位雇主乐于帮你发现自我。自己找时间做吧!

(10)电视并不是真实的生活。在现实生活中,人们实际上得离开咖啡屋去干自己的工作。

(11)善待乏味的人。有可能到头来你会为一个乏味的人工作。

知识百叶窗

心理学家认为,如果一个人在自己的生活中丧失了对自己负责的能力,往往会引起他的不快,并危害他的身体状况,而提高人的控制力量就会有截然相反的结果。兰格和罗丁想通过增进一组疗养院中的老人对自己负责的能力和选择权来直接验证上述理论观点。他们与美国康涅狄格州的最好的疗养院之一的阿登屋进行合作。住在里面的老人总体而言身心健康、社会背景状况相近。研究者随机挑选了两层楼:四楼老人接受了"责任感提升"的训练;二楼老人则作为对照组。

疗养院的管理员给那两层楼的老人开了个会,表示疗养院会把他们的生活安排得尽可能舒适而令人满意,还说明了他们能够享受的几种服务。但两组被试者得到的信息是有重要差别的:"责任感提升"组得到的信息是,他们有照顾自己的责任,并有权决定如何安排自己的时间;而对于控制组的老人,管理员只说,疗养院希望使他们的生活更充实、更有趣。实验持续了3周。研究员用两份问卷进行了两次测评,一份由老人自己填写,另一份由各楼的护士评估老人们在快乐、机敏、依赖、社交等方面的水平。另外,还有一项以竞赛形式出现的活动,测量老人实际行为表现:研究者让老人们猜想在一个大坛里有多少粒糖果,想参加的人只需在一张纸条上写下他们的名字和猜测结果,并将纸条放进坛子旁边的一个盒子里即可。

实验结果支持了兰格和罗丁的预测。从护士的评定结果中可以看出,"责任感提升"组有93%的被试者状况得到了提高,而另一组只有21%的被试者的状况向积极方面变化。那个有趣的猜糖果比赛更能说明问题:有10位四楼的老人参与了游戏,但是二楼却只有1位老人参与了游戏。根据实验结果，并结合其他学者的研究成果，兰格和罗丁指出，对于一个被迫放弃控制力与自我决策权的人，如果我们给他一种较强的责任感，那么，他的生活质量会提高，生活态度会变得越发积极。

视野天下

这是来自上海《新民晚报》的报道。在组建了反 CNN 网站后，23 岁的饶谨彻底改变了。这个去年从清华大学毕业的年轻人，拥有两家公司和丰富多彩的生活。现在，他的精力几乎都放在这个网站上。“在特殊的时刻，必须有人出来担当一下。我不做，也会有别人做。”这是他组建网站的理由。CNN 是美国有线电视新闻网的英文缩写，它开创了每天 24 小时新闻播报的先河，全球各地的突发事件是其报道的重点，几乎成为西方世界最强势的电视媒体。在此之前，饶谨也是它的一名观众。

2008 年 3 月 14 日当天，饶谨从国内论坛上第一时间得知西藏发生打砸抢烧事件后，随即浏览关注此事的国外媒体。他同时通过网络搜索到了一些在西藏旅游者的博客，并通过 QQ 群，收到了一些现场的图片。此时，海外华人已经开始在当地论坛上，贴出西方媒体的不实报道。饶谨生出一个创意——将这些揭露西方媒体的帖子收集整理。

3 月 20 日，反 CNN 网站上线当天，点击量近两万。在最初的几天，这个简单负面的反 CNN 网站并没有受到特别关注。直到一周后的外交部新闻发布会上，一名外国记者的提问，使得饶谨和他的网站迅速成名。

在 3 月 27 日的外交部新闻发布会上，一名西方记者提问，反 CNN 网站是否受到了中国政府的资助。外交部发言人秦刚驳斥了这一怀疑：“这完全是中国各界群众对这种不负责任、违反职业道德的缺德报道予以自发的谴责和批判。”发布会后，反 CNN 网站点击率迅速升高，饶谨也成为中外媒体追逐的焦点。

所有媒体的第一个问题都是：你为什么要创办这样一个网站？“在特殊的时刻，必须有人出来担当一下。我不做，也会有别人做。”在接受国内媒体的采访时，饶谨的回应非常冷静。

心香一瓣

◆每个人都被生命询问，而他只有用自己的生命才能回答此问题：只有以“负责”来答复生命。因此，“能够负责”是人类存在最重要的本能。

——维克多·弗兰克

◆尽管责任有时使人厌烦，但不履行责任，只能是懦夫，不折不扣的废物。

——刘易斯

◆人生须知责任的苦处，才能知道尽责任的乐趣。

——梁启超

◆责任就是对自己要求去做的事情有一种爱。

——歌　德

3. 守住我的梦想

邮差薛瓦勒之理想宫

一位名叫薛瓦勒的乡村邮差每天徒步奔走在乡村之间。有一天,他在崎岖的山路上被一块石头绊倒了。他起身拍拍身上的尘土,准备再走。可是他突然发现绊倒他的那块石头的样子十分奇异。他拾起那块石头,左看右看,便有些爱不释手了。于是,他把那块石头放在了自己的邮包里。

村子里的人看到他的邮包里除了信之外,还有一块沉重的石头,感到很奇怪,人们好意地劝他:"把它扔了,你每天要走那么多路,这可是个不小的负担。"他却取出那块石头,炫耀着说:"你们谁见过这样美丽的石头?"人们都笑了,说:"这样的石头山上到处都是,够你捡一辈子的。"他回家后疲惫地睡在床上,突然产生了一个念头,如果用这样美丽的石头建造一座城堡那将会多么迷人啊!于是,他每天在送信的途中寻找石头，每天总是带回一块，不久，他便收集了一大堆奇形怪状的石头，但要建造城堡还远远不够。于是，他开始推着独轮车送信，只要发现他中意的石头都会往独轮车上装。

从此以后，他再也没有过上一天安乐的日子。白天他是一个邮差和一个运送石头的苦力，晚上他又是一个建筑师，他按照自己天马行空的思维来垒造自己的城堡。对于他的行为，所有人都感到不可思议，认为他的精神出了问题。二十多年的时间里，他不停地寻找石头，运输石头，堆积石头。慢慢地在他的偏僻住处，出现了许多错落有致的城堡，当地人都知道有这样一个性格偏执沉默不语的邮差，在干一些如同小孩子筑沙堡的游戏。

1905 年，法国一家报纸的记者偶然发现了这群低矮的城堡，这里的风景和城堡的建筑格局令他叹为观止。他为此写了一篇介绍薛瓦勒的文章，文章刊出后，薛瓦勒迅速成为新闻人物。许多人都慕名前来参观城堡，连当时最有声望的毕加索也专程参观了薛瓦勒的建筑。现在，这个城堡成为法国最著名的风景旅游点，它是世界现代艺术史上一件独特的艺术品，法国最著名的风景旅游点之一，1969 年，这里被批准成为了文化遗产。它又称“邮差薛瓦勒之理想宫”。在城堡的石块上，薛瓦勒当年的许多刻痕还清晰可见，有一句话就刻在入口处的一块石头上：“我想知道一块有了愿望的石头能走多远。”据说，这就是那块当年绊倒过薛瓦勒的石头。

想想看

你的梦想是什么？小时候的你是否可以脱口而出？科学家？老师？记者？现在的你呢，心中的梦想是否还清晰？小时候的梦想可能幼稚，但你明白那是你向往的东西。而随着时间的推移，我们在成长，我们的梦想也在改变。无论怎样，那个属于你自己的梦想，请好好珍藏，因为一个石头也能筑起一座宫殿。

智慧锦囊

要守住我们的梦想首先应该问问自己“我想要得到什么”、“我了解了哪些信息”、“关于目标我有哪些优势可以为之服务”、“还有其他什么方法可以帮我达到这个目标”。我们的目标越明确，我们越清楚应该如何去实现它。设立好目标，是守住我们梦想的重要前提。

◆**我的梦想清单。**我们在不同时刻可能会有不同的目标想要达到，把你的每一个目标都清晰地写下来，这样就不会遗忘。若没有写下来，可能你能记住的只是部分目标而已。再把目标细化，记录下你各个方面的小目标是什么，将其细化成某个可操作的小阶段。这样，你的目标才更有可能实现。

◆**给梦想一个期限。**没有期限的梦想就永远只是一个梦想。若你写下这个期限，你就会看到，你要动用什么样的资源来完成这个目标，这个目标是否太大，是否太不切实际等等。考虑得越清楚明白，你设立的目标便会越可靠。有了期限，你会自然而然地给你的目标排好顺序，哪些应该先完成，哪些应该放在后面。长期目标中必须包含着短期的计划，而短期目标则要有利于长远的打算。

◆**不要低估自己的可能性。**有人在写下目标后，发现好像很难达到。请你再反思一下自己设立的这个目标是否可行，反复问自己，这些目标我为什么一定可以达到。因为我的优势我的优点，所以我能够做到。有很多事情，看似复杂，当你动手开始做时，你会发现其实不是那么困难。相信自己的力量，永远不要低估自己的潜力。

◆**重复梦想。**确立好目标后，我们可以用自己的方式记录好它们，当你遇到困难时，当你想放弃时，重复梦想，时常提醒自己，在任何时间遇到任何事情，只要你一有空当，就念着你的“核心目标”。钢铁大王安德鲁·卡耐基一天念目标超过1000遍。当你用了这些方法，你才可以开始吸引所要的人、事、物和资源，也就是运用大自然的吸引定律。

◆**给梦想穿好防护衣。**心想事成的人并不多，是因为很多时候都只是“心想”，而行动不足，或是受到诱惑，今天本该完成的事情，拖延到了明天，明天该加倍的工作，却又因心情不好把它搁置了。梦想的防护衣是要抵制住拖延、诱惑等等“万一”发生的事情。设立目标很容易，守护梦想很难。一切在于你自己，在于你的坚持！

守住梦想，学会归因

在我们守住梦想的道路上，会遇到荆棘，遇到坎坷，我们要用怎样的姿态去迎接它们，去战胜它们呢？遇到不顺心时，要懂得归因，我们把成功或是失败归结为不同的原因，可能也会得到不同的结果。

美国心理学家伯纳德·韦纳（B. Weiner, 1974）认为，人们对行为成败原因的分析可归纳为以下几个方面：能力、努力、任务难度、运气、身心状态等。除此之外，韦纳认为三个维度也会影响归因：内外维度，一件事情的结果是因为个人原因还是外在原因；稳定性，某件事情的发生概率是否稳定，是特殊情况还是每次都会发生；可控性，成败的因素是否可以由我们自己控制。

韦纳认为，每一维度对动机都有重要的影响。比如，你所在的球队赢了一场比赛，如果你们将成功归因于内部因素，会产生自豪感，这是付出努力的结果，那么你们会更加努力地训练；归因于外部因素，则会产生侥幸心理。而如果你们输掉了这场比赛，将失败归因于内部因素，则会产生羞愧的感觉，会从自己身上找问题；归因于外部因素，则会生气。在稳定维度上，如果将成功归因于稳定因素，会认为下一场比赛也会赢，为了实现这个目标，你们会从各个方面提高自己的实力；归因于不稳定因素，就会觉得赢得太巧合了，下一次还不知道会怎样呢。将失败归因于稳定因素，将会产生绝望的感觉；将失败归因于不稳定因素，则会生气，比如觉得是因为本队运气不好才输了比赛。在控制性维度上，如果将成功归因于可控因素，则会积极地去争取成功；归因于不可控因素，则不会产生多大的动力。将失败归因于可控因素就会继续努力，归因于不可控因素，则会绝望。将失败归因于内部、稳定、不可控时是最大的问题，就会产生这种事情每次都做不好的无助感。

当你成功或是失败时，你将这些经历归因于什么呢？客观地评价自己，不要因为一次失败而片面地认为自己什么都不行，也不因为一次成功就骄傲自大。守住梦想是一个长期的旅途，懂得调整的人，才会走得更远。

“林来疯”

红遍 NBA 的华裔篮球后卫林书豪已成为美国的传奇人物。白宫发言人杰·卡尼在接受采访时称，林书豪的故事已引起总统奥巴马的注意，“他对林书豪的印象非常深刻”，“这是一个伟大的故事，我知道奥巴马已经看过林书豪的比赛了，而且他也这么说”。在当地时间 2012 年 2 月 10 日的一场 NBA 常规赛当中，纽约尼克斯主场 92-85 战胜洛杉矶湖人，尼克斯的华裔后卫林书豪延续了自己的神奇表现，得到 38 分 7 次助攻，两项数据都是全场最高，风头甚至盖过了湖人队的超级巨星科比。仅仅一周之前林书豪这个名字在 NBA 联盟中还只是相当于一个路人甲而已，然而一周之后，这位美籍华裔球员已经成了整个联盟里最炙手可热的大明星，在中国球迷里更是激起了巨大的反响。

“从一开始,他(林书豪)就怀揣着梦想。他知道自己要得到球队的信任很难,但是他有足够的准备从替补开始,慢慢地成为主力,然后再帮助球队赢得总冠军,这是他的目标,而他对此无比执著。”在朋友眼中,这才是林书豪的完美计划。林书豪在刚进入哈佛篮球队时经常被投来异样的目光,他在07年夏天参加旧金山的Pro-Am夏季联赛时,当他走进球馆开始热身时,有工作人员跑过来提醒他说:“这里举行的是篮球比赛不是排球。”当他在客场打比赛时有人在看台上大声对他说:“滚回中国去吧!”他就在这样的环境下一点点地进步,用自己的表现来回击蔑视他的人。在被勇士放弃、被火箭裁掉的过程中,林书豪也犹豫过,他想过是否该换个地方,他随时准备提起自己的背包,他的坚持几乎达到了极限,他的梦想,他拼尽全力在守护。2011年12月27日,纽约尼克斯队宣布签下被火箭队裁掉的林书豪,传奇开始上演。LINSANITY,这个人物还在继续着他的传奇……

守住梦想

吕 进

守住梦想,守住人生的翅膀,
守住梦想,守住心上的阳光。
不为一朵乌云放弃蓝天,
不为一次沉船放弃海洋。
荒漠中守住一方绿洲,
风暴里守住一片晴朗。
守住一句承诺,
守住久别的造访。
守住一封远方的信,

守住爱的目光。

守住鲜花的呼唤，

守住明天的太阳。

纵有严寒，守住梦想的花，

也会在冰天雪地里开放。

纵有险关，守住梦想的江，

也会浩浩荡荡地奔向远方。

守住梦想，守住不谢的花季，

守住梦想，守住迷人的远航。

4. 忍常人之所不能忍

心灵点滴

一头驴的坚持

一天，一个农夫的一头驴不小心掉进了一口枯井里。农夫绞尽脑汁想把驴救上来，但很长时间过去了，驴还在枯井里痛苦地哀嚎着。最后，这个农夫决定把这头驴放弃。他想，这头驴也老了，今后也没有太大的用处，不值得大费周折去把它救出来，不过无论如何，这口枯井还是得填起来，也算是给这头驴安葬了。于是，这个农夫便请来左邻右舍，希望大家帮忙，一起将枯井中的驴埋了。农夫的邻居们人手一把铲子，开始将泥土铲进枯井中。

当这头驴意识到自己的处境时，刚开始叫得很凄惨。但出人意料的是，不一会儿这头驴就安静下来了。农夫好奇地探头往井底一看，出现在眼前的景象令他大吃一惊：当铲进井里的泥土落在驴的背上时，驴的反应令人惊奇，它将泥土抖落在一旁，然后站到泥土堆上面。就这样，这头驴将大家铲到它身上的泥土全抖落在井底，然后再站上去。

很快，这头驴便得意地跃出枯井，在众人一片惊讶声中快步跑开了！

想想看

看了上面的小故事，你可能会说，驴是没有思想的，它这样做完全就是巧合，是求生的本能。是的，驴的脱险是本能的驱使，因为它想延续它的生命，它要活着去寻找更丰美的食物。而我们也都想过上衣食无忧的生活，可道路是曲折的，若没有足够的能量坚持下去，是到不了我们期望中的彼岸的。

智慧锦囊

阿里巴巴的创始人、中国第一位登上福布斯杂志封面的人马云，曾说：我不知道什么叫成功，但我知道什么叫失败，那就是放弃，只要你不放弃，你就有希望，你就有成功的可能！所以真正的失败是放弃，只要我们永不放弃，我们就没有失败，我们就有成功的可能！遇到困难，我们大多数人选择放弃，只有小部分人还在坚持，越到后面的进程，坚持的人越少，而最后的胜利者往往是坚持到底的那个人。

◆明白这样做的意义。有人虽确立了目标，但三天打鱼两天晒网的事情时有发生，你是否关心过自己立下的为什么是这个目标，而不是其他？你想从中得到什么？这样做的意义是什么？我们中的大多数人给自己的目标便是考上理想的高中，因为这样才能考上有名望的大学，才能离我们的理想生活更进一步。这便是我们奋斗的过程，意义就是我们的奋斗能使我们心安。可能有短板学科，可能学习时会受到他人的影响，这些都不足以构成放弃的理由。若你认定了你奋斗的方向，你心中一定要清楚为何要这样做。

◆包容自己的坏脾气。遇到危机或是不顺时，我们的坏情绪很容易跑出来，包容你的坏脾气，允许自己烦躁、郁闷、不知所措，当它们来到你身边时，你应该轻轻地说声："Hi，老朋友，我想拥抱你，我不惧怕你，我要用我的力量去温暖你。"你应该怎么合理地释放这些坏情绪？是找人倾诉，还是在空旷处大吼，抑或是睡个大觉？这些都是你自己的选择。你要先接纳发脾气的自己，才能更好地帮助自己。

◆勇于尝试。克服困难的方法不是一成不变的，也不是那么容易找到的。若自己的英语很差，单词的背诵、早晨的阅读、每天的练习、口语听力的多多重复……很多方法，到底哪个才是自己最迫切需要的解决方法呢？多多尝试，才会找到属于你的突破口。

◆**不让短板漏水太多。**每个人都有不足之处，有时尽管我们很努力也不能完全地避免这种不足，我们是否可以降低目标，只要这种短板不阻挡我们的去路，我们还是可以接受它。数学是自己的短板学科，大型考试时，尽量降低数学的丢分率，尽量让数学不拖自己的后腿，维持在一个中等甚至是中等偏上的水平，也是你的一大成就。

◆**允许失败。**海明威最初寄出的几十个短篇全部被退了回来，莫泊桑直到三十岁才发表第一篇作品。我们正值青春年华的好时光，谁说失败只是件坏事呢？经验的学习不是只有从成功中才能得到的。学习接受失败，从失败中得到更多的经验。

◆**每日提醒。**每日记录下你为了目标而做的努力，自己每天一点一滴的进步，都是在缩短你和梦想的距离。每坚持一步，成功的机率又多了一点。每天追踪自己的进步，看着自己的成果，信心又增加了一些，坚持的信念又足了一些。

成功和失败往往只有一步之遥，而这关键的一步，往往不是由智力、机遇给予的，这一步是坚持，成功者可能多了一年的坚持，也可能是一个月，也可能是一天，点滴的坚持成就了一个站在顶峰的人。

知识百叶窗

延迟满足

你是否愿意放弃眼前的、较小的满足，从而得到长远的、更大的利益？不要小看这个选择，它可以决定一个人的一生。

发展心理学里有一个经典实验。实验人员给一些 4 岁的小孩子每人一颗非常好吃的软糖，同时告诉孩子们可以吃糖：如果马上吃，只能吃一颗；如果等 20 分钟，则能吃两颗。有些孩子急不可待，马上把糖吃掉了。另一些孩子却能等待对他们来说是无尽期的 20 分钟，为了使自己耐住性子，他们闭上眼睛不看糖，或头枕双臂、自言自语、唱歌，有的甚至睡着了，他们终于吃到了两颗糖。在美味的软糖面前，任何孩子都将经受考验。这个实验用于分析孩子承受延迟满足的能力，延迟满足的通俗解释是能够等待自己需要的东西的到来而不是想到什么就要什么。

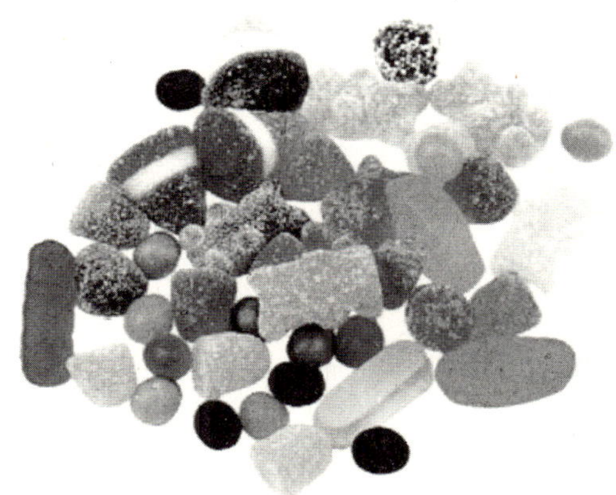

这个实验后来一直继续了下去，那些在他们几岁时就能等待吃两颗糖的孩子，到了青少年时期仍能等待，而不急于求成；而那些急不可待，只吃了一颗糖的孩子，在青少年时期更容易有固执、优柔寡断和压抑等个性表现。当这些孩子上中学时，就会表现出某些明显的差异。对这些孩子的父母及教师的一次调查表明，那些在 4 岁时能以坚忍换得第二颗软糖的孩子常成为适应性较强，冒险精神较强，比较受人喜欢，比较自信，比较独立的少年；而那些在早年经不起软糖诱惑的孩子则更可能成为孤僻、易受挫、固执的少年，他们往往屈从于压力并逃避压力。

研究人员在中学毕业时再考察当年那些孩子现在的表现，结果发现，4 岁时能够耐心等待的人在校表现时更为优异。这些孩子学习能力较好，无论语言表达、逻辑推理、专注、制订并实践计划、学习动机等都比较好。令人意外的是，这些孩子的入学考试成绩普遍较高，等待最久的 30% 的孩子，平均成绩语文 610 分、数学 652 分；而最迫不及待取走糖果的 30% 的孩子，平均成绩语文 524 分、数学 528 分。两组孩子总分差距多达 210 分。

我们身边的成功人士，他们往往具有抑制冲动，以达到某种目标的品质。抵制唾手可得的诱惑，期待通过努力才能得到的许诺，并不是一件容易的事情。我们要学会忍耐，学会坚持，可能短期内达不到我们想要的效果，但只要坚持下去，我们就会得到心中那一颗渴望已久的软糖。你坚持得越久，你能够得到的糖就越多。

视野天下

马云的坚持

很多人总是有想法，却很少会有行动。但是马云一有想法，就马上行动。

第一次：创办海博翻译社

当时是1992年，马云是杭州电子工业学院的青年教师，28岁，工作4年，每个月的工资还不到100元。但没钱不是问题，他找了几个合作伙伴一起创业，风风火火地把杭州第一家专业的翻译机构成立起来了。

创业开始，也是举步维艰，第一个月，翻译社的全部收入才700元，而当时每个月的房租就是2400元。于是，好心的同事、朋友就劝马云别瞎折腾了，连几个合作伙伴的信心都发生了动摇。但是马云没有想过放弃，为了维持翻译社的生存，马云开始贩卖内衣、礼品、医药等小商品，跟许许多多的业务员一样四处推销，吃了很多苦头。现在，海博翻译社已经成为杭州最大的专业翻译机构。虽然不能跟如今的阿里巴巴相提并论，但是海博翻译社在马云的创业经历中也划下了重重的一笔。

第二次：创办中国黄页

中国黄页是中国第一家网站，虽然是极其粗糙的一个网站。网站的

建立缘于马云到美国的一次经历。1995 年初，马云参观了西雅图一个朋友的网络公司，亲眼见识了互联网的神奇，他马上意识到互联网在未来的巨大发展前景，于是决定回国做互联网。对于中国黄页来说，创办初期，资金也的确是最大的问题。由于开支大，业务又少，最凄惨的时候，公司银行账户上只有 200 元现金。但是马云以他不屈不挠的精神，克服了种种困难，把营业额从 0 做到了几百万。坚持梦想！没钱，只要你有决心，肯努力，不要被困难吓倒，梦想的光辉就一定会照进现实。

第三次：创办阿里巴巴

阿里巴巴无疑是中国互联网史上的一次奇迹，这次奇迹是由马云和他的团队创造的。8 年后的 2007 年 11 月 6 日，阿里巴巴在香港联交所上市，市值 200 亿美金，成为中国市值最大的互联网公司。马云和他的创业团队，由此缔造了中国互联网史上最大的奇迹。

中国大部分想创业的人都是一样，晚上想想千条路，早上起来走原路。他们比马云聪明多了，能想出非常多的创业好点子来，但是他们从来没有去执行过。因为他们有着太多的借口和理由. 于是，他们继续过他们平庸的生活。

◆古今之成大事业、大学问者，必经过三种之境界："昨夜西风凋碧树，独上高楼，望尽天涯路"，此第一境界也；"衣带渐宽终不悔，为伊消得人憔悴"，此第二境界也；"众里寻他千百度，蓦然回首，那人却在灯火阑珊处"，此第三境界也。

——王国维

◆故天将降大任于斯人也，必先苦其心志，劳其筋骨，饿其体肤，空乏其身，行拂乱其所为，所以动心忍性，增益其所不能。

——孟　轲

◆向着某一天终于要达到的那个终极目标迈步还不够，还要把每一个步骤看成目标，使它作为步骤而起作用。

——歌　德

◆最困难之时，就是我们离成功不远之日。

——德国谚语

◆我们应有恒心，尤其要有自信心！我们必须相信，我们的天赋是要用来做某种事情的。

—— 居里夫人

5. 面对荆棘也能舞蹈

无声世界里的奥斯卡奖杯

1987年3月30日晚上，洛杉矶音乐中心的钱德勒大厅内灯火辉煌，座无虚席，人们期盼已久的第59届奥斯卡金像奖的颁奖仪式正在这里举行。在热情洋溢、激动人心的气氛中，仪式一步步地接近高潮。主持人宣布："玛莉·马特琳在《小上帝的孩子》中有出色的表演，获得最佳女主角奖。"全场立刻爆发出经久不息的雷鸣般的掌声。玛莉在掌声和欢呼声中，登上领奖台领取奥斯卡金像奖。她激动不已，似乎有很多话想说，可人们没有看见她的嘴动，她举起手，打起了手语……原来，这个奥斯卡金像奖颁奖以来最年轻的最佳女主角奖得者，竟是一个不会说话的哑女。

玛莉·马特琳出生时是一个正常的孩子。但，她在出生18个月后，被一次高烧夺去了听力和说话的能力。这位聋哑女对生活充满了激情。她从小就喜欢表演，8岁时就加入了聋哑儿童剧院。正是这些表演，使玛莉认识到了自己生活的价值，克服了失望心理。在《小上帝的孩子》这部影片中，玛莉扮演的萨拉，在全片中没有一句台词，全靠极富特色的眼神、表情和动作揭示主人公矛盾复杂的内心世界——自卑和不屈、喜悦和沮丧、孤独和多情。玛莉十分珍惜这次机会，她勤奋、严谨、认真对待每一个镜头，用自己的心去拍，因此表演得惟妙惟肖，令人拍案叫绝。

就这样，她成功了。她成为美国电影史上第一个聋哑影后。正如她自己告诉人们的那样："我的成功，对每个人，不管是正常人，还是残疾人，都是一种激励。"

想想看

我们出生的环境和容貌是我们不能控制的，而突如其来的事件也是我们无法预料的。在不可控的因素面前，我们还有什么因素是可控的，并且可以帮助我们战胜不可控因素带来的负面影响呢？

智慧锦囊

我们在经历不同阶段时，都会遇到各种各样的困难。有时我们觉得，这些困难好像压得我们喘不过气来，怎么会有这么艰难的情况呢？这也许是当时内心发出的疑问。生活之所以丰富多彩，就是因为顺境和逆境、欢笑与泪水、喜悦与痛苦的交织，正如月圆月缺是自然规律一样，逆境的出现也是我们必须要面对和度过的时光。

◆**逆境来临，请冷静。** 逆境本就是件让人心力交瘁、无法控制的事情，若再用浮躁之心对待，只会火上浇油。若内心觉得苦闷，就大哭一场，把压抑已久的情绪发泄出来，逐步接受已经发生的事实，平静地对待。

◆**面对逆境，彻底分析。** 事情已经发生，你已接受这一事实，接下来便是要分析自己所处这个境遇中的利与弊，为何会发生这样的情况：是客观原因还是主观原因，是可控制的因素还是不可控的因素造成的。这个时候，我们可以求助于哪些人，他们中有哪些人可以成为我们的倾听者，帮助我们疏导情绪；又有哪些可以充当出谋划策的人，给予我们有用的意见或建议；还有什么人可以在这时扶我们一把，帮助我们走出逆境……身处逆境时，是考验友谊的时候，同时也是检验你人脉资源的时候。不要让负面情绪围绕你太久，释放情绪后，积极去寻找你的出路吧。

◆**采取措施，摆脱逆境。** 大多数情况下，逆境中遇到的问题不会自然消失，都是需要自己积极采取相应行动来化解危机。有时这些行动也会遇到阻力，那么请你坚持，多想想是不是这个措施并不适合解决这个问题，多多尝试，总会找到出路的。

知识百叶窗

胡萝卜、鸡蛋和咖啡豆

向咖啡豆学习！

一个女儿对父亲抱怨她的生活，抱怨事事都那么艰难。她不知该如何应付生活，想要自暴自弃了。她已厌倦抗争和奋斗，好像一个问题刚解决，新的问题就又出现了。她的父亲是位厨师，他把她带进厨房。他先分别往三只锅里倒入一些水，然后把它们放在旺火上烧。不久锅里的水烧开了。他往一只锅里放些胡萝卜，第二只锅里放入鸡蛋，最后一只锅里放入碾成粉末状的咖啡豆。他将它们浸入开水中煮，一句话也没有说。

女儿咂咂嘴，不耐烦地等待着，纳闷父亲在做什么。大约20分钟后，他把火关了，把胡萝卜捞出来放入一个碗内，把鸡蛋捞出来放入另一个碗内，然后又把咖啡舀到一个杯子里。做完这些后，他才转过身问女儿："亲爱的，你看见什么了？""胡萝卜、鸡蛋、咖啡。"她回答。他让她靠近些并让她用手摸摸胡萝卜。她摸了摸，注意到他们变软了。父亲又让女儿拿一只鸡蛋并打破它。将壳剥掉后，她看到了是只煮熟的鸡蛋。最后，他让她喝了咖啡。品尝到香浓的咖啡，女儿笑了。她怯生生地问道："父亲，这意味着什么？"

他解释说，这三样东西面临同样的逆境——煮沸的开水，但其反应各不相同。胡萝卜入锅之前是强壮的，结实的，毫不示弱；但进入开水之后，它变软了，变弱了。鸡蛋原来是易碎的，它薄薄的外壳保护着它呈液体的内脏。但是经开水一煮，它的内脏变硬了。而粉状咖啡豆则很独特，进入沸水之后，它们倒改变了水。"哪个是你呢？"他问女儿，"当逆境找上门来时，你该如何反应？你是胡萝卜，是鸡蛋，还是咖啡豆？"

面对逆境，你是胡萝卜、鸡蛋还是咖啡豆？

横渡大西洋

1956年10月20日，一位名叫汉涅斯·林德曼的精神病学家独自一人驾着一叶小舟驶进了波涛汹涌的大西洋，他在进行一项历史上从未有过的心理学实验，预备付出的代价是自己的生命。在这之前，已经有不少勇士相继架舟横渡大西洋，结果均遭失败，遇难者众。林德曼认为，这些死难者首先不是从肉体上败下阵来的，主要是死于精神上的崩溃，死于恐怖和绝望。一个人只要对自己有信心，就能保持精神和机体的健康。为了验证自己的观点，他不顾亲友们的反对，要亲自进行实验。

林德曼驾驶的船只有5米长，是目前所知载人横渡大西洋的最小的船。虽然如此，林德曼的小船顽强地抵抗了大西洋的浪涛，尽管曾两次倾覆，但它仍数次在飓风里死里逃生。出发前，林德曼装了 60 罐食物，96 罐牛奶和 72 罐啤酒在这个 27 公斤的小船上。在海上航行期间，他的体重减了 50 磅。最终，他用了 72 天时间成功横渡了大西洋。

林德曼驾着这艘弱不禁风的小船横渡大西洋的时候没有作任何记录。他感兴趣的是我们应对极限条件下的精神紧张的方式。他靠自我催眠和自己发明的一种“心理卫生”系统来克服恐慌和想要自杀的绝望心态。独自在波涛中拼搏了两个半月，不充足的食物，仅能伸直双腿的空间，这些给林德曼许多个机会去实验和改进他的方法。在航行中，林德曼遇到了难以想象的困难和多次濒临死亡的情况，他的眼前甚至出现了幻觉，运动感也处于麻木状态，有时甚至有绝望之感。但只要这个念头一升起，他马上就大声自责：“懦夫，你想重蹈覆辙、葬身此地吗？不，我一定能够成功！”生的希望支持着林德曼，最后他终于成功了。他在回顾成功的体会时说：“我从内心深处相信一定会成功，这个信念在艰难中与我自身融为一体，它充满了周围的每一个细胞。”

人只要对自己有信心，只要相信自己一定可以做到，只要精神不死，前方便充满希望，你便有可能战胜困难走向成功。

“风雨送春归，飞雪迎春到，已是悬崖百丈冰，犹有花枝俏。”我就是在百丈悬崖上俏立的那一枝梅花，没有艳丽，没有依靠，没有温暖，我一出生便知道，我和其他的花不一样。我生长在寒冷的冬季，生活在人迹罕至的悬崖，我以雪花为伴，没有人赞美我，没有人注意我，但是我仍然昂起头，迎着寒风，绽放生命的花朵。

——佚名

6. 向自己的山顶出发

下一次就是你

有一个女孩对足球十分痴迷，一个偶然的机会，她被父亲送到了体校学习踢足球。在体校，这个女孩实在不是很出色，因为她从没接受过规范的训练，踢球的动作、感觉都比不上先入校的队友。女孩上场时，被队友们奚落是“野路子”球员，女孩很难为情，她也想踢好球，进入职业队。每次职业队去选人时，女孩都卖力地踢球，然而终场哨响，女孩还是没有被选中。于是，平时刻苦训练的女孩去找对她赞赏有加的教练，教练总是很委婉地说：“名额不够，下一次就是你。”“下一次就是你”这句话就像黑夜里的明灯，点亮了女孩的希望，她又继续刻苦地练下去。

一年后，女孩还是没有被选上，她实在没有信心了，她觉得自己个子太小，又是半路出家，加上每次选人时她都紧张，发挥不好。她决定离开体校，放弃足球。就在她下定决心离开的第二天，女孩却意外地收到了职业队的录取通知书，骨子里热爱足球的她兴奋地跑去找教练。教练眼中含着喜悦的泪光说："孩子，以前我总说下一次就是你，其实那是我不想打击你而告诉你你的球艺还不精，我是希望你一直努力下去啊！"女孩一下子什么都明白了。

在职业队受到良好系统实战训练后女孩充满信心，她很快便脱颖而出。她就是获得 20 世纪世界最佳女子足球运动员的我国球星孙雯。

想想看

如果可以选择，你最想和谁进行赛跑？和比你强劲的对手，还是你可以远远把他甩在后面的弱者，或是和你齐头并进的竞争者？大多数会选择最后一个吧，跟和自己差不多水平的人比赛，既可以发挥出最大潜力，又可以使自己随时都处在紧张的竞赛水平。这个能助你有效成长的人，是你的影子，也是另一个你，你一直在和他比赛，他也一直在激励你前进，你已经接受了他么？

智慧锦囊

我们是一个独立的个体，但我们也是生活在社会中，是与他人紧密联系的。所以，我们时常和别人比较，也时常被人拿来比较。隔壁的 ×× 学了什么，自己又学了什么。比来比去，有时自信，有时自卑。诚然，我们处于社会中的什么位置很重要，这样我们可以看到自己的差距和不足。但我们很多时候不是在跟别人比，而是在与自己比。这次我语文进步了，下一次我的数学又进步了，虽然比不过别人，但每一次只要在进步，下一次比上一次的自己更优秀，便是值得骄傲的。我们每个人都是一座高山，慢慢地向上爬，总有一天会站在山的最高峰，俯瞰过去的自己，告诉他，你做到了……

感谢过去的自己，因为冲动过，所以知道了要控制好自己的情绪；因为沮丧过，所以知道在得意时不能忘形；因为摔倒过，所以再一次面对相同的路时，会更加小心；因为伤心过，所以在别人难过时给予最大的支持和鼓励；因为失去过，所以拥有时格外珍惜；因为犯过傻，所以时常提醒自己要做好准备；因为失败过，所以更加愿意向优秀的人学习……

对我们过去的感激是为了更好地迎接未来，任何时候都不要放弃自己的目标，战胜自己不是非要干出什么惊天动地的大事，细节中的积累，也是必不可少的。某天你觉得自己该读读英语，又想玩游戏，我们的本能反应是选择简单的事情，越简单越不用耗费多少精力。简单事确实做起来得心应手，就如游戏和英语，给你更大吸引的肯定是游戏。可我们若能在复杂事情上有所进步，哪怕是一小点，你也有很大的成就感，这样日积月累，复杂的事情也会越做越顺手，慢慢变成简单的事。

知识百叶窗

积极反馈促成进步

罗西和亨利两位心理学家对反馈效应进行了著名的实验研究。整个实验分成两个部分，每个部分各持续八周时间。实验人员把一个班级的学生分成 ABC 三个组，这些学生每天学习后都要参加测验。测验后，实验人员对三组学生进行了不同的处理。

在实验第一阶段，A 组学生每天都能得知自己的测验结果，B 组学生每周得到一次测验情况的反馈，C 组学生则对测验结果一无所知。结果，A 组学生是三组中成绩最好，提高最快的。

实验第二阶段，实验人员把对A组与C组的处理方法进行了对换，即A组学生对自己的测验结果不得而知，而C组学生每天都能对自己的测验情况有所了解。B组学生保持不变，仍然每周一次得知自己的测验结果。八周后，A组和C组学生的成绩发生了很大的变化，A组学生的学习成绩逐步下降，而C组学生的成绩却突然上升，B组学生的成绩基本保持原有水平。

这个实验结果表明，学生了解自己的学习情况，对学习是非常重要的，具有促进作用，并且及时反馈比远时反馈效果更大。

反馈方式不同对学习的促进作用也不相同。一般来说，学生自己进行的主动反馈要优于教师的反馈。这给我们的启示在于：在学习过程中，我们一定要及时地进行自我反馈，避免毫无目的的学习和不知道自己的学习结果的学习方式；明确自己的努力方向，成绩不理想时不要丧失信心，给予自己多点鼓励和正面暗示，你将会做得更好。

三傻大闹宝莱坞

故事是以两个好朋友在寻找多年不见的好兄弟兰彻的过程中展开的回忆：讲述十年前兰彻顶替他人来到皇家工程学院（ICE，影射印度的IIT）的故事。这是一所印度传统的名校，这里检验学生的唯一标准就只有第一（指成绩）！成绩不好就意味着没有未来！而兰彻却不随波逐流，他用他的善良、开朗、幽默和智慧影响着周围的人。他用所学的物理知识来教训野蛮的学长，他用智慧打破了学院墨守成规的传统观念。最后他用智慧成为了印度科学界的一位天才科学家(具有400多项专利),他实现了自己的梦想,也做回了真正的自己。“三人帮”中兰彻和莱都梦想成为工程师,法尔汉却想成为野生动物摄影家。影片中随时穿插着幽默的语言、行为。他们把校长称为“病毒”,把查图尔称为“沉默者(消音器)”。

片中的兰彻最后成为了一位天才科学家,而扮演兰彻的阿米尔汗也可以被看做是不断超越自己的天才。他8岁时出演了一部轰动印度全国的电影,是公认的很有前途的童星,但长大后他却坚决不愿从影,而一心去打网球,而且打得还不错,曾经获得过马哈拉施特拉邦的网球冠军。随着年纪的增长,才抛弃网球重回大银幕。

在2001年,他首次亮相,作为一个电影《印度往事》的制片人而得到奥斯卡提名奖,此片获当年奥斯卡最佳外语片奖,他在《印度往事》电影中担当了男主角并以他出色的表演得到了最佳男主角奖项。在这之后又以电影《芭萨提的颜色》(2006)获得奖项。在2007年,他开始了导演生涯,导演了电影《地球上的星星》,他又得到了Filmfare最佳导演奖。2009年一部《三个白痴》风靡全球之后,也让中国的亿万网迷认识了什么是真正意义上的天才演员,45岁高龄却将一个二十岁的大学生演绎得活灵活现,从而引发了网友们对这位“偶像”的极大关注,并引发了“阿米尔汗效应”。

超越自我

——《镜与花》

当阳光和叶片代表活力的时候,我们拥有的是无限的青春

当潮水和日落诠释性灵的时候,我们想到的是骄傲的群体

当雨露和大地浑然天成的时候，我们期待的是和谐与统一

当生命和记忆倡导永生的时候，我们记住的是无私与爱的奉献

当花朵和树木仰天长啸的时候，我们主导的是乐观的心态和意念

当无论风雨和挫折摧残造物主的时候，我们学会的是如何走出生命的轨迹

当自然和天灾降临你心的时候，我们只要说：我们从容不迫

当小蝌蚪的故事告诉你成长需要经历的时候，我们应对的不仅是自己

当文化和现实有差距的时候，我们更多的是要去弥补记忆

当思想的洪流让你葬身火海的时候，我们只要说：我们从不畏惧

当路人和河流对话的时候，我们只想说：从不随波逐流

当天空和小鸟比肩的时候，我们只想说：从不惧怕飞翔

当理想和信念背道而驰的时候，我们重新认识了自己

当希望和熊熊燃烧的火焰走在自由的最底层的时候，我们是否要抛开舆论的视角

当可贵和可恨的绳索勒得你喘息不了的时候，我们更该以清醒的头脑正视自己

当饥饿和贫穷降临你身，我们从不吃嗟来之食，我们需要的是争一口气

当宇宙和夕阳根本不是一个概念的时候，我们开始关注时间的起源

当生存和生存之道让人痛恨的时候，我们只能抛开世俗的杂念平添细节的分析

当微生物和细胞在显微镜下肆虐繁衍的时候，我们该不该想到多年后，人类还能不能统治地球

当有限的时光和无限的时光总是统筹规划好的时候，我们的思想还能成就什么

当天马行空的你乱说一通的时候，我们该用怎样的目光审视你的

无知

当你爱的人和爱你的人都同时背弃你的时候，我们是否该同情你的遭遇，还是你该检讨自己的过失

当无望和疯狂一味寻找解脱的时候，自私从来不为一种过错来承担后果

我们只需说，艺术是永生的。而你，还有我，只是这个游戏中的一个配角而已。